Rassismus im österreichischen Internet

Franz Zeilner

Rassismus im österreichischen Internet

Rechtliche Rahmenbedingungen und nationale Präventionsstrategien

PETER LANG

Berlin · Bruxelles · Chennai · Lausanne · New York · Oxford

Bibliografische Information der Deutschen Nationalbibliothek
Die Deutsche Nationalbibliothek verzeichnet diese Publikation in der Deutschen
Nationalbibliografie; detaillierte bibliografische Daten sind im Internet über
http://dnb.d-nb.de abrufbar.

ISBN 978-3-631-93852-2 (Print)
ISBN 978-3-631-93870-6 (E-PDF)
ISBN 978-3-631-93871-3 (E-PUB)
DOI 10.3726/b22958

© 2026 Peter Lang Group AG, Lausanne (Schweiz)
Verlegt durch Peter Lang GmbH, Berlin (Deutschland)

info@peterlang.com

Diese Publikation wurde begutachtet.

www.peterlang.com

Inhaltsverzeichnis

KAPITEL III
Historisches: Entwicklungen von Rassismus und Online-Rassismus

KAPITEL IV

Rassismus in Österreich im Kontext des internationalen, europäischen und nationalen Rechts

Abkürzungsverzeichnis

ADS	Antidiskriminierungsstelle Steiermark
AEMR	Allgemeine Erklärung der Menschenrechte
AI	Amnesty International
BGBl.	Bundesgesetzblatt
BKA	Bundeskanzleramt
BMFJ	Bundesministerium für Familien und Jugend
BMI	Bundesministerium für Inneres
BMJ	Bundesministerium für Justiz
BMKÖS	Bundesministerium für Kunst, Kultur, öffentlicher Dienst und Sport
BMUKK	Bundesministerium für Unterricht, Kunst und Kultur
boJA	Bundesweites Netzwerk Offene Jugendarbeit (Wien)
Bot	Roboter (Programm, das ferngesteuert auf einem Computersystem arbeitet)
bpb	Bundeszentrale für politische Bildung
BVwG	Bundesverwaltungsgericht
CERD	Convention on the Elimination of All Forms of Racial Discrimination
D&E	Deutschland & Europa (Zeitschrift, Themenhefte)
DFK	Deutsches Forum für Kriminalprävention
DSA	Digital Service Act
Ed	Editor
ECHR	Europäischen Menschenrechtskonvention
Eds	Editors

EGMR	Europäischer Gerichtshof für Menschenrechte (Straßburg)
EU	Europäische Union
EuGH	Europäischer Gerichtshof
GMF	Gruppenbezogenen Menschenfeindlichkeit
Hg./Hrsg.	Herausgeber/innen
HiNBG	Hass-im-Netz-Bekämpfungs-Gesetz
IDB	Initiative für ein diskriminierungsfeindliches Bildungswesen
IETF	Internet Engineering Task Force
KDA	Kompetenzzentrum für Diversität, Antirassismus und Antidiskriminierung
KI	Künstliche Intelligenz
KommAustria	Kommunikationsbehörde Austria
KoPl-G	Kommunikationsplattformen-Gesetz
NCoC	National Competence Center Psychosoziale Gesundheitsförderung
ODIHR	OSZE-Büro für Demokratische Institutionen und Menschenrechte
Social Bots	Softwareroboter
StGB	Strafgesetzbuch
UN	United Nations/Vereinte Nationen (Internationale Organisation)
UNO	United Nations Organization (Internationale Organisation)
VfGH	Verfassungsgerichtshof (Wien)
VwGH	Verwaltungsgerichtshof (Wien)
ZARA	Zivilcourage & Anti-Rassismus-Arbeit (Verein)
ZfRV	Zeitschrift für Rechtsvergleichung

Abstract

Rassismus ist in spezifischen historischen Kontexten ist Rassismus bereits seit der Antike vorhanden. Betrachtet man die Entwicklung im historischen Längsschnitt, lassen sich bestimmte Schritte festmachen. Im 21. Jahrhundert erfolgt Rassismus nun auch vielfach im „Internet". Damit begann ein Entwicklungsprozess, der durch die Digitalisierung und durch das Aufkommen Sozialer Medien forciert wurde. Webseiten, Online-Foren, soziale Netzwerke, Blogs und Kettenmails werden dazu verwendet. Mit den Möglichkeiten interaktiver Plattformen steht nun eine zunehmend größere Bühne zur Verfügung. Über Videoplattformen können rassistische Inhalte auch in Form von Videos verbreitet werden. Rassismus im Netz kann sich gegen einzelne Personen oder Gruppen richten. Im Untersuchungszeitraum 2010 bis 2023 war ein nahezu durchgehender Anstieg rassistischer Vorfälle im österreichischen Internet zu beobachten. Eine signifikante Zunahme war während der Corona-Pandemie festzustellen. Die Zahl der untersuchten Fälle in den ZARA-Rassismus-Reports ist jedoch nicht repräsentativ, da die Dunkelziffer wesentlich höher ist. Im konkreten Untersuchungszeitraum stieg auch das Bewusstsein der Menschen, dass das Internet kein rechtsfreier Raum ist und dass damit Rechtsfolgen verbunden sein können. Relevante Rechtsnormen umfassen internationale, europäische und nationale Vorschriften. Die Kenntnis von Strafnormen ist für Interventionen und die Präventionsarbeit in Österreich besonders wesentlich. Die „Hass im Netz"-Gesetzgebung brachte viele Vorteile für Betroffene, sie muss aber differenziert betrachtet werden. In Österreich stellt der Kampf gegen Rassismus im Internet eine vielschichtige Herausforderung dar – sowohl für zivilgesellschaftliche

Akteure als auch für staatliche Institutionen. Bislang fehlt ein umfassender „Nationaler Aktionsplan gegen Rassismus", der Maßnahmen zur Bekämpfung struktureller und institutioneller Diskriminierung bündeln würde. Parallel dazu gewinnt das Phänomen „Hass im Netz" zunehmend an Bedeutung im Bereich der digitalen Kommunikation. Daher ist es unerlässlich, rassismuskritische Bildung zu fördern, insbesondere auch im Rahmen der Lehramtausbildung. Angesichts der Komplexität von Online-Rassismus sind unterschiedliche Zugangsweisen zur Analyse und Prävention erforderlich.

Keywords: Internet, Online-Rassismus, Hass im Netz, Diskriminierung, Recht, Analyse, Prävention, Reports, Republik Österreich, rassismuskritische Bildung, ZARA.

Einleitung, Forschungsfrage und forschungsleitende Fragestellungen

1. Einleitung

Rassismus ist ein aktuelles Thema in Österreich. Für betroffene Personen sind grundsätzlich (massive) negative Folgen damit verbunden. „Rassismus" bedeutet einen Angriff auf die „universellen Menschenrechte". Es wird hier eines der Grundprinzipien der Allgemeinen Erklärung der Menschenrechte negiert bzw. verletzt. Dieses Grundprinzip lautet: „Alle Menschen sind frei und gleich an Würde und Rechten geboren." Durch Rassismus wird Menschen systematisch die Ausübung ihrer Grundrechte unter dem Vorwand der „Rasse", der „ethnischen Abstammung", der „Hautfarbe", der „nationalen" oder „sozialen Herkunft" verweigert. Rassismus bedroht viele Menschenrechte und betrifft „bürgerliche", „politische", „wirtschaftliche", „soziale" und „kulturelle" Rechte. Die Ursachen sind grundsätzlich vielfältig. In der Gegenwart bieten Online-Kanäle Informationen rund um die Uhr, ermöglichen Vernetzungen und erreichen direkt eine sehr große Anzahl von Nutzern. Rassismus ist im Internet oft nicht einfach zu erkennen, vor allem auch weil „neue Trends" entwickelt und missbraucht werden.

Die vorliegende Publikation beinhaltet wesentliche Begrifflichkeiten, Definitionen und wissenschaftliche Grundlagen zum Forschungsthema. Begriffe und Definitionen gehören zu den Grundbausteinen jeder Wissenschaft und sind gleichzeitig auch Gegenstand des wissenschaftlichen Diskurses. So wird der Begriff „Rassismus" im Alltagsverständnis und in der Wissenschaft sehr unterschiedlich verstanden bzw. verwendet. Alle Formen von Rassismus interpretieren jedoch das Verhältnis von Menschen zueinander: Wir und die Anderen.

In der vorliegenden Publikation ist u. a. die Definition von „Hate Speech" (Hassrede) von großer Bedeutung. Es handelt sich hierbei um einen Überbegriff, der je nach Fachgebiet und wissenschaftlichem Kontext unterschiedlich verwendet wird. Rassismus im 21. Jahrhundert erfolgt insbesondere auch im Internet und in Sozialen Medien. Diese haben einen wesentlichen Einfluss auf die Verbreitung rassistischer Ideologien und bieten Möglichkeiten der Kommunikation und somit auch des Austauschs rassistischer Inhalte. Betrachtet man die Entwicklung im historischen Längsschnitt, lassen sich Meilensteine des „Rassismus im Internet" festmachen. Der öffentliche Diskurs in Österreich fokussiert sich stark auf das Thema „Hass im Netz". Andere Formen von Rassismus, Hasskriminalität usw., die nicht im Kontext des Internets bzw. Sozialer Medien stattfinden, werden hingegen eher wenig thematisiert. „Hate Speech" wird vor allem durch Tatbestände im Strafgesetzbuch (StGB) und durch das Verbotsgesetz erfasst.

In der vorliegenden Publikation wird Rassismus in Österreich im Kontext des internationalen, europäischen und nationalen Rechts untersucht. Ein Schwerpunkt liegt dabei in der Gesetzgebung zu „Hass im Netz". Ein weiterer Schwerpunkt liegt auf der Untersuchung nationaler Strategien und Präventionsprojekte gegen Rassismus bzw. Rassismus und Diskriminierung im Internet im Kontext des österreichischen Bildungssystems. Dies erfordert auch Gewaltprävention und entsprechende Fähigkeiten für Pädagog/innen, Schüler/innen und Studierenden, die ebenfalls thematisiert werden. Grundsätzlich, vor allem aber im Bildungsbereich, besteht die Notwendigkeit, sich mit Rassismus im Netz auseinanderzusetzen und zu lernen, wie man Rassismus erkennen und bekämpfen kann. Das Internet bietet den Nutzer/innen Freiräume, ist aber kein rechtsfreier Raum. Die Phänomene im Kontext von Rassismus und Rassismus im Netz sind sehr komplex, weshalb auch unterschiedliche Zugangsweisen zur Analyse und Prävention notwendig sind.

2. Forschungsfrage

Wie verliefen die Entwicklungen von Rassismus im Internet und in Sozialen Medien in Österreich von 2010 bis 2023?

3. Forschungsleitende Fragestellungen

Wie verlief die Entwicklung von Rassismus im historischen Längsschnitt?

Welche internationalen, europäischen, nationalen Normen und Dokumente zum Thema Rassismus im Internet bzw. in digitalen Medien sind in Österreich wesentlich?

Welche strafrechtlichen Normen sind für Interventionen und die Präventionsarbeit in Österreich wesentlich?

Welche Vorteile brachte die **Hass-im-Netz-Gesetzgebung** in Österreich? Wie wird diese insbesondere von ZARA beurteilt?

Welche nationalen Strategien und Präventionsprojekte gegen Rassismus bzw. Rassismus und Diskriminierung im Internet wurden im Kontext des österreichischen Bildungssystems bereits gesetzt?

3. Forschungsleitende Fragestellungen

Begriffe, Definitionen und wissenschaftliche Grundlagen zum Forschungsthema

Beim Forschungsthema der vorliegenden Arbeit ist bereits die Verständigung auf die Begriffe „Rassismus" und „rassistische Diskriminierung" eine Herausforderung. Es umfasst auch weltanschauliche, politische, wissenschaftliche und rechtliche Auseinandersetzungen. Begrifflichkeiten bzw. Definitionen gehören zu den Grundbausteinen jeder Wissenschaft. Sie sind gleichzeitig aber auch Gegenstand des wissenschaftlichen Diskurses. Popper (1994) schreibt: „Nicht durch die Definition wird die Anwendung eines Begriffes festgelegt, sondern die Verwendung des Begriffes legt das fest, was man seine ‚Definition' oder seine ‚Bedeutung' nennt".

Beides trifft grundsätzlich auch auf die in der konkreten Forschung relevanten Begrifflichkeiten und Definitionen zu. Dies gilt ebenso für Diskussionen über das Verständnis der Fachterminologie im nationalen, internationalen und europäischen Kontext. Begriffe im Zusammenhang mit „Rassismus im Netz", „rassistischer Diskriminierung" usw. sind insbesondere zum Verständnis der Problematik und wegen möglicher rechtlicher Konsequenzen wesentlich. Begriffe aus anderen Sprachräumen (z. B. dem angloamerikanischen) können aber grundsätzlich nicht eins zu eins in die deutsche Sprache übersetzt werden (Zeilner 2024).

Definitionen und Begriffe im Kontext der vorliegenden Forschung sind für deren Genauigkeit von wesentlicher Bedeutung. Sie sollen dabei helfen, Rassismus im Allgemeinen bzw. Rassismus im Netz leichter zu identifizieren und zu analysieren. Das sollte insbesondere auch zur Entwicklung von „antirassistischen Strategien" bzw. von konkreten „Gegenmaßnahmen bei Hasskommentaren im Netz" beitragen.

1. Rassismus

1.1. Keine allgemeingültige Definition von Rassismus

Der Begriff „Rassismus" wird sowohl im Alltagsverständnis als auch in der Wissenschaft sehr unterschiedlich verstanden bzw. verwendet. Alle Formen von Rassismus interpretieren jedoch das Verhältnis von Menschen zueinander. Dabei werden soziale Gemeinschaften imaginiert bzw. konstruiert, die in biologisch, kulturell und sozial begründete Hierarchien verortet und eng miteinander verwoben sind (vgl. Hellmuth Thomas, in: Informationen zur Politischen Bildung Nr. 49, S. 5).

Es gibt also keine allgemeingültige bzw. allgemein akzeptierte Definition des Begriffs „Rassismus". Grundsätzlich kann aber zwischen einer „engen" und einer „weiten" Definition unterschieden werden (<https://kontrast.at> Was ist Rassismus – und wie sind Menschen in Österreich betroffen?, S. 1 ff.).

Die „enge" Definition sieht Rassismus als eine Ideologie, die die gesamte Menschheit in (angeblich) biologische „Rassen" mit genetisch festgelegten und vererbbaren Eigenschaften einteilt und diese hierarchisch ordnet. Die „weite" Definition des Begriffs schließt Diskriminierungen und rassistische Handlungen mit ein. Diese basieren nicht nur auf dem Glauben an die Überlegenheit von „biologischen Rassen", sondern erweitern diesen auch um die Konstruktion einer „Herkunftsgemeinschaft". Häufig wird hier eine „homogene Gruppe" – die herrschende Gruppe – definiert, die im Unterschied zu anderen Arten von Personengruppen als „normal" angesehen wird. Anderen Personengruppen werden Eigenschaften und Merkmale unterstellt, durch die eine Grenze zwischen „Wir" und „Die" gezogen wird (vgl. https://kontrast.at/rassismus-in-oesterreich/ Was ist Rassismus – und wie sind Menschen in Österreich betroffen?, S. 1 ff.).

Johannes Zerger definiert Rassismus wie folgt: „Rassismus umfasst Ideologien und Praxisformen auf der Basis der Konstruktion von Menschengruppen als Abstammungs- und Herkunftsgemeinschaften, denen kollektive Merkmale zugeschrieben werden, die implizit oder explizit bewertet und als nicht oder nur schwer veränderbar interpretiert werden" (Zerger 1997, S. 81).

1.2. Rassismus: Angriff auf universelle Menschenrechte

Rassismus bedeutet einen Angriff auf die universellen Menschenrechte. Damit wird hier eines der Grundprinzipien der Allgemeinen Erklärung der Menschenrechte negiert. Dieses Grundprinzip lautet „Alle Menschen sind frei und gleich an Würde und Rechten geboren" (Vereinte Nationen [UNO], Allgemeine Erklärung der Menschenrechte 1948).

Durch Rassismus wird Menschen systematisch die Ausübung ihrer Grundrechte verweigert, mit dem Vorwand ihrer „Rasse", ihrer „ethnischen Abstammung", ihrer „Hautfarbe", ihrer „nationalen" oder „sozialen Herkunft". Rassismus bedroht alle Menschenrechte und betrifft bürgerliche, politische, wirtschaftliche, soziale und kulturelle Rechte. Die Ursachen für Vorurteile, Hass und Gewalt gegenüber Menschen, die als „anders" oder „fremd" wahrgenommen werden, sind vielfältig[1] (<https://www.amnesty.at> Rassismus/Amnesty International Österreich, S. 1 ff.).

Eine völkerrechtliche Definition von Rassismus gibt es nicht, allerdings existieren international anerkannte „Menschenrechtsstandards", die Diskriminierung aufgrund von „Rasse" oder Ethnie verbieten. Das Recht alle Menschen, nicht rassistisch diskriminiert zu werden, ist ein „Grundpfeiler der internationalen Menschenrechtsgesetzgebung[2] (<https://www.amnesty.at> Amnesty International Österreich, Rassismus, S. 1 ff.).

Von wesentlicher Bedeutung sind in diesem Zusammenhang auch die „EU-Menschenrechtsleitlinien". Diese wurden von den EU-Außenministern zu mehreren Menschenrechtsthemen, für die sich die EU besonders engagiert, entwickelt. Dazu zählen beispielsweise das „Humanitäre Völkerrecht", die „Meinungsfreiheit on- und offline", die „Bekämpfung von Diskriminierung und Gewalt gegen Frauen und Mädchen" sowie die „Förderung und Schutz der Rechte des Kindes" (<https://www.bmeia.gv.at> EU-menschenrechtsleitlinien, S. 1 f.).

---

[1] Rassismus, Hasskriminalität usw. sind mit den Werten einer freiheitlich-demokratischen Grundordnung nicht vereinbar. Es ist auch mit dem Grundgedanken von Integration nicht vereinbar, wenn Menschen aufgrund ihrer (tatsächlichen oder vermeintlichen) Zugehörigkeit zu einer gesellschaftlichen Gruppe Opfer von Hass oder einer Straftat werden. Betroffene erfahren auch Abwertung und Ausgrenzung und müssen sich oft gegen Vorurteile wegen ihrer Hautfarbe, Herkunft, Religion usw. zur Wehr setzen (<https://www.fachkommission-integrationsfähigkeit> Rassismus, Rechtsextremismus und Terrorismus, S. 1).

[2] 1948 wurde das erste umfassende und weltweit gültige Menschenrechtsdokument – die Allgemeine Erklärung der Menschenrechte – von den Vereinten Nationen (UNO) verabschiedet. In dieser Erklärung sind die verschiedenen Kategorien und Prinzipien des Menschenrechtssystems zu erkennen (Vereinte Nationen. Allgemeine Erklärung der Menschenrechte 1948).

1.3. Institutioneller Rassismus

„Institutioneller Rassismus" (auch struktureller bzw. systemischer Rassismus) ist eine Form von Rassismus, „welche von gesellschaftlichen Institutionen, von deren Gesetzen, Normen und ihrer internen Logik [ausgeht]" – unabhängig davon, ob Akteure innerhalb der Institutionen mit Absicht handeln oder nicht[3] (<https://de.m.wikipedia.org/wiki> Institutioneller Rassismus, S. 1).

Personen erfahren institutionellen Rassismus durch Ausgrenzung, Benachteiligung usw. in gesellschaftlich relevanten Einrichtungen. Beispielsweise sind davon die politische Beteiligung, das Bildungssystem, das Gesundheitssystem, der Arbeitsmarkt und der Wohnungsmarkt betroffen (<https://de.m.wikipedia.org> wiki>Institutioneller Rassismus, S. 1).

Der „institutionelle Rassismus" umfasst vor allem rassistische Strukturen und Prozesse in der Gesellschaft, durch die „People of Color" benachteiligt und ausgegrenzt werden. Dies betrifft insbesondere das Rechtssystem sowie die politischen und ökonomischen Strukturen. Wesentliche Benachteiligungen existieren hier beispielsweise im Bildungssystem[4] (<https://www.vielfalt-mediathek.de> Struktureller Rassismus, S. 1).

1.4. Alltagsrassismus

Unter „Alltagsrassismus" versteht man allgemein kolportierte und diffuse Alltagsvorstellungen, die auf Basis konkreter körperlicher Merkmale eine Trennung zwischen einem „Wir" und den „Anderen" vornehmen. Die eigene vermeintliche „Normalität" führt dazu, dass die als „anders" Kategorisierten u. a. auch ausgegrenzt werden[5] (Leiprecht 2001, S. 2).

---

[3] Institutioneller Rassismus kann auch als Gegensatz zum personellen Rassismus gesehen werden, der sich insbesondere im Alltagsrassismus, in Vorurteilen oder Gewalt manifestiert (<https://de.m.wikipedia.org>wiki>Institutioneller Rassismus, S. 1).

[4] Das Phänomen „Rassismus" im Verständnis der Gegenwart, also die gruppenbezogene Ausgrenzung, Anfeindung und Vernichtung, ist wesentlich älter als der Begriff Rassismus selbst. Genaue Jahreszahlen werden hier aber kontrovers diskutiert (<https://www.bpb.de> Geschichte des Rassismus/Themen/bpb.de, S. 1 f.).

[5] Nach Ansicht von Siegfried Jäger sind für Alltagsrassismus drei Faktoren wesentlich. Das sind die „Kategorisierung von Andersartigkeit", die „negative Bewertung der Anderen" und das „Vorhandensein von Machtungleichheit" (Jäger 1992, S. 20 f.; vgl. auch Siegfried Jäger, 10 Jahre DISS, in: *DISS-Journal* 1/98).

1.5. Kulturrassismus

In der modernen Rassismusforschung wird der Begriff „Rasse" zunehmend vermieden. Der Fokus liegt nun insbesondere auf der Kultur, um Aus- bzw. Abgrenzungen konkreter sozialer Gruppen zu begründen. In diesem Zusammenhang werden die Bezeichnungen „Kulturfundamentalismus", „differenzieller Rassismus" oder „kultureller Rassismus" verwendet. Der „Ethnopluralismus" betrachtet in diesem Kontext alle Kulturen grundsätzlich als gleichwertig, jedoch als nicht miteinander kompatibel. Beim „Kulturrassismus" handelt es sich um einen statischen Kulturbegriff, welcher die eigene Kultur als in der Heimat gewachsen betrachtet. Kultureller Wandel wird hier nicht berücksichtigt (Hellmuth Thomas. Was bedeutet Rassismus eigentlich?, in: Informationen zur Politischen Bildung Nr. 49, hrsg. vom Forum Politische Bildung, S. 6).

Als kulturrassistisch gilt jede Ideologie, die drei zentrale Ideen miteinander verbindet: Erstens die „Konstruktion einer Gruppenidentität", bei der Menschen aufgrund bestimmter körperlicher oder kultureller Merkmale sowie religiöser, ethnischer oder nationaler Zugehörigkeit in sogenannte Abstammungsgemeinschaften eingeteilt werden. Zweitens die Behauptung einer kulturellen Wesensart, durch die den Mitgliedern einer imaginären Gemeinschaft eine gemeinsame Kultur oder Mentalität zugeschrieben wird. Drittens die Bewertung der Unterschiede zwischen den Gruppen, etwa in Form einer Hierarchie von „Höher-" oder „Minderwertigkeiten" oder einer grundsätzlichen Unverträglichkeit (<https://www.humanrights.ch> Was heißt (Kultur-)Rassismus?, S. 1).

1.6. Gruppenbezogene Menschenfeindlichkeit

Phänomene wie „Rassismus" und „Antisemitismus" werden häufig unter dem Begriff der Gruppenbezogenen Menschenfeindlichkeit (GMF) zusammengefasst. Mitunter werden sie jedoch auch gegeneinander ausgespielt und politisch instrumentalisiert – indem etwa künstliche Konkurrenzsituationen zwischen diskriminierten Gruppen erzeugt werden (<https://www.anders-denken.info> Rassismus und Antisemitismus, S. 1).

Das GMF umfasst verschiedene Formen abwertender Einstellungen, Haltungen, Vorurteile und Ressentiments gegenüber einzelnen Personen oder Gruppen. Rassismus und Antisemitismus können gezielt eingesetzt werden, um die gesellschaftliche Ablehnung gegenüber bestimmten Gruppen zu verstärken. Als eigenständige Phänomene müssen Antisemitismus und Rassismus aber immer in ihrem spezifischen gesellschaftlichen und politischen Kontext betrachtet werden (<https://www.anders-denken.info> Rassismus und Antisemitismus, S. 1 ff.).

2. Rasse/Rassistische Diskriminierung

Das Wort „Rasse" betreffend stammt dieses wahrscheinlich aus dem Englischen „race" und bedeutet „Volk" bzw. „Völkerstamm". In der biologischen Forschung ist „Rasse" eigentlich eine „Unterart", d. h. eine Kategorie, um Gruppen innerhalb von Arten zu unterscheiden. Der Begriff „Rasse" beim Menschen grundsätzlich sowie im Bereich der Wissenschaft und damit verbundene rassistische Theorien bzw. Vorstellungen wurden im Laufe der Geschichte auch dazu verwendet, um verschiedene Menschengruppen abzuwerten. Damit war auch viel menschliches Leid und rassistische Diskriminierung verbunden (<https://www.demokratiewebstatt.at> Hautfarben, Gene und Co. – Rassismus und Wissenschaft, S. 1).

Da in der vorliegenden Arbeit auch die Institution ZARA (Zivilcourage und Anti-Rassismus-Arbeit) eine Rolle spielt, soll deren Definition von „rassistischer Diskriminierung" aufgezeigt werden: „Rassistische Diskriminierung ist, wenn Einzelpersonen und/oder eine Gruppe aufgrund der Hautfarbe, der Sprache, des Aussehens, der Religionszugehörigkeit, der Staatsbürgerschaft oder der Herkunft in irgendeiner Form benachteiligt werden" (ZARA. Definition rassistische Diskriminierung).

3. „Internet" und „Netz"

3.1. Das Internet als öffentlicher Raum

Das Internet (von „Inter" und „Network"), ist ein weltweiter Verbund von Rechnernetzwerken, den sogenannten autonomen Systemen. Es ermöglicht die Nutzung von Internetdiensten wie WWW, E-Mail usw. Hier kann sich jeder Rechner mit jedem anderen Rechner verbinden. Der Datenaustausch zwischen den über das Internet verbundenen Rechnern erfolgt über die technisch normierten „Internetprotokolle". Die RFCs der „Internet Engineering Task Force" (IETF) beschreiben die Technik des Internets. Aus der englischen Fachbezeichnung für ein „internetwork" bzw. „internet" verbreitete sich das auch der im Duden eingetragene Begriff „Internet" als Eigenname.[6]

Das Internet transzendiert jedenfalls die Öffentlichkeit; dieses Konzept ist hier auch ein Bestandteil des Selbstverständnisses moderner demokratischer Gesellschaften. Phänomenologisch betrachtet hat sich das Internet als öffentlicher Raum konstituiert, und ermöglicht die allgemeine Verfügbarkeit von Inhalten. In einer digitalen Gesellschaft sind öffentliche Räume nicht nur physische, sondern auch virtuelle Räume. Die Stellung des Menschen als historisches Subjekt verändert sich, da er seinen Ort in der medialisierten Welt nun selbst bestimmen kann (Leguizamon 2009, S. 101 ff.).

Durch das Internet haben sich viele Lebensbereiche verändert; es ist bereits fester Bestandteil des Alltagslebens. Auch die Möglichkeiten für rassistische Inhalte haben sich durch das Internet wesentlich verändert.[7]

3.2. Mögliche Erscheinungsformen von Rassismus im Netz

Cyber-Rassismus hat unterschiedliche Erscheinungsformen. Hier werden rassistische Inhalte subtil und öffentlich geäußert, beispielsweise durch Memes, bei denen rassistische Stereotype auf vermeintlich humorvolle, aber nicht harmlose Art und Weise verstärkt werden, oder durch Hasskommentare, bei denen das Internet als Sprachrohr für rassistische Inhalte verwendet wird. Auch spezielle Hashtags, Videos, Hetzkampagnen und Verschwörungsmythen und KI-Algorithmen werden genutzt (<https://hateaid.org> Von Memes bis Hasskommentare: Rassismus im Internet, S. 1 ff.).

Memes können grundsätzlich für eine Radikalisierung, insbesondere auch für Rassismus bzw. Hass im Netz, verwendet werden. Es wird hier

---

[6] Im Duden wird Internet als Substantiv, Neutrum –weltweiter Verbund von Computern und Computernetzwerken, in dem spezielle Dienstleistungen (wie E-Mail, World Wide Web, Telefonie) angeboten werden definiert (<https://dewikipedia.org/wiki/internet>, S 1 ff.).

[7] Auch die Mediennutzung hat sich verändert und befindet sich insbesondere durch digitale Medien weiterhin im Wandel. Digitale Medien bestimmen den Alltag. Die Generation Z kennt grundsätzlich kein Leben mehr „offline" bzw. ohne überall und für jeden sofort und überall verfügbar zu sein. Die digitale Revolution der Medienwelt mit all ihren Facetten hat das Mediennutzungsverhalten erheblich verändert. Dazu hat auch das Internet wesentlich beigetragen (<https://www.smart-pr.de>news>3192-mediennutzung> Mediennutzung im Wandel: 2009 vs 2019/Smart/PR, S. 1 ff.; <https://www.welt.de> deutschland, Allensbach Studie).

ein erster niederschwelliger Kontakt mit konkreten Ideologien ermöglicht und der Eindruck vermittelt, dass die eigene Weltanschauung jener von Extremisten sehr ähnlich ist. Es kann hier ein Gemeinschaftsgefühl entstehen, Personen können sich selbst als Teil einer „Ingroup" sehen. Das kann auch zu einem internen Zusammenhalt einer Gruppe führen und zunehmend radikalere Ansichten fördern, die dann wieder über Memes verbreitet werden. Organisierte, gezielte Sozial-Media-Aktionen werden unterschiedlich eingesetzt (<https://www.hass-im-netz.info> Memes: Andocken an Internetkultur, S. 1 ff.).

Memes sind auch eine verbreitete Unterform der sogenannten Internetphänomene, die auch als Internet-Hypes bzw. virale Phänomene bezeichnet werden. Dabei handelt es sich um ein Konzept in Form eines Links oder einer Bild-, Ton-, Text- oder Videodatei, das sich schnell im Internet verbreitet. Bilder, die nachträglich mit kurzen, aber prägnanten Texten untermauert und in den Sozialen Medien geteilt werden, bezeichnet man auch als „Image Macro". Hier sollten – vor allem im Bildungskontext – auch problematische Entwicklungen aufgezeigt werden[8] (Heller Christian 2008. Was ist ein „Image Macro"? aus der Serie: Vokabular des neuen Kinos, in: cine.plomlompom.de, 23. April 2008, abgerufen am: 27. Juni 2024).

Hetze bzw. Hasspostings sind eine weitere Erscheinungsform von Rassismus im Netz. Unter Hasspostings versteht man aggressive, provozierende Beiträge im Internet. Solche Postings können auch strafrechtlich relevant sein und einen oder mehrere Straftatbestände des StGB erfüllen. Auch im Unterrichtskontext ist es wesentlich aufzuzeigen, dass es rechtlich keinen Unterschied macht, ob ein Delikt in der „realen Welt" oder im

---

[8] Ein Meme (miːm), in der Mehrzahl Memes, sind speziell geschaffene, kreative Bewusstseinsinhalte, die sich zwischen Personen verbreiten. Vielfach ist es ein kleiner Medieninhalt, der über das Internet verbreitet wird, z. B. ein Bild mit einer kurzen prägnanten Aussage (Julien 2014, S. 356 ff.; vgl. auch „meme-definition of meme" in English/Oxford Dictionaries). Es gab sie bereits vor dem Internet, beispielsweise in Form von politischen Slogans, Karikaturen oder Redewendungen. Erscheinungsformen von Memes sind beispielsweise Bilder, Bildsequenzen oder Sounds. Memes beschreiben kompakte Sinnzusammenhänge und deren Weitergabe. Der Begriff „Mem" ist vom Begriff „Gen" inspiriert. Gene geben auch biologische Informationen unter Konkurrenzbedingungen weiter und analog trifft das auch auf Memes zu.

Internet begangen wird (z. B. in einem Online-Forum usw.)[9] <https://www.oesterreich.gv.at> bildung_und_neue_medien>Hasspostings und sonstige strafbare Postings – oesterreich.gv., S. 1 f.).

Spezielle Hashtags werden oft dazu missbraucht, um mit rassistischen Inhalten mehr Aufmerksamkeit zu generieren. Videos werden im Kontext Rassismus insbesondere seit der Gründung von YouTube verwendet, um rassistische Inhalte gezielt zu verbreiten. Hierbei werden Videoinhalte anderer Personen bewusst aus dem Zusammenhang gerissen, um eigene Meinungen bzw. rassistische Inhalte zu verstärken. Hetzkampagnen und Verschwörungsmythen werden verwendet, um Diskriminierungen im Internet zu verbreiten. Dabei werden Personen oder/und Gruppen wegen ihrer Hautfarbe, Nationalität usw. angefeindet und falsch dargestellt (<https://www.oesterreich.gv.at> bildung_und_neue_medien>Hasspostings und sonstige strafbare Postings – oesterreich.gv., S. 1 f.).

KI-Algorithmen bzw. algorithmische Selektion sind für die Darstellung von Informationen wesentlich. Die algorithmische Selektion von Informationen ist real vorhanden und muss sehr genau beobachtet werden. Darunter versteht man die im Internet weitverbreitete und grundsätzlich auch verdeckte Vorauswahl bei der personalisierten Bereitstellung von Informationen. Die algorithmische Selektion ist die Basis für Nachrichtenaggregatoren. Es wird hier auch eine Zusammenschau von Suchmaschinenergebnissen ermöglicht[10] (*D & E Heft* 74/2017).

Dies inkludiert auch Unklarheit und Unsicherheit. Besonders problematisch ist die Unklarheit bzw. Intransparenz, denn Intermediäre wie Amazon, Facebook oder Google sind sehr komplexe und abgeschottete digitale Systeme,

---

[9] Hassposter/innen gehen vielfach mit großer Aggression gegen andere Menschen vor. Das kann sich gegen bestimmte Einzelpersonen oder Menschengruppen richten. Zudem können sich Hasspostings gegen bestimmte Weltanschauungen oder gesellschaftliche Werte richten. Es sollte grundsätzlich, vor allem aber im Unterricht aufgezeigt und diskutiert werden, was man gegen Hasspostings unternehmen kann (<https://www.saferinternet. at> Problematische Inhalte, S. 1 ff.).

[10] Eines der Ziele der Informationsfilterung bei Facebook ist es, die Relevanz der Informationen zu steigern und somit die Verweildauer zu erhöhen. Über algorithmische Selektion wird festgelegt, welche Inhalte im Newsfeed eines Benutzers angezeigt werden (*D & E Heft* 74/2017).

die zudem ständig um- und ausgebaut werden. Hier können auch Gefahren lauern[11] (*D & E Heft* 74/2017).

4. Digitale Medien

Digitale Medien sind Informationsträger und erfüllen die Aufgabe der Informationsvermittlung in elektronischer Form. Sie beruhen auf einer binären Codierung, d. h. ihr originärer Zeichenvorrat kann nur zwei diskrete Zustände abbilden. Komplexere Informationen werden durch die Kombination dieser beiden Zeichen abgebildet. Oftmals handelt es sich bei Digitalen Medien um elektronische Medien. Digitale Medien werden manchmal auch als „Computermedien" bezeichnet. Man versteht darunter elektronische Medien, die digital codiert sind. Der Begriff „Digitale Medien" wird auch als Synonym für die „Neuen Medien" verwendet. Digitale Medien umfassen u. a. digitale Plattformen und deren digitalen Inhalte. Diese Inhalte können über elektronische Geräte wie etwa Laptops, Tablets oder Smartphones konsumiert werden[12] (<https://www.pixx.io> Blog New Digitale Medien: Definition und Tipps fürs Organisieren – pixx.io, S. 1 f.).

---

[11] Das Thema „algorithmische Selektion" bzw. „algorithmische Zuschreibungen" ist sehr komplex. Es umfasst auch gesellschaftliche Risiken. Beispielsweise findet bei „statistischer Diskriminierung" keine Kategorisierung der tatsächlichen Eigenschaften eines Menschen statt. Diese werden durch die Auswertung von Daten über Gruppen gebildet. Stereotypisierung beeinflusst die Ergebnisse von Entscheidungsprozessen. Das kann in untypischen Fällen zu Generalisierungsunrecht führen. Vor allem haben betroffene Personen im Kontext von Rassismus durch algorithmische Zuschreibungen und Kategorisierung keine Möglichkeit, die Behandlung, die sie erfahren, zu akzeptieren oder diese abzulehnen. Dadurch wird die freie Entfaltung der Persönlichkeit, das Recht auf Selbstdarstellung und der Schutz der Menschenwürde beeinträchtigt. Das Selbstwertgefühl eines Menschen ist fundamental und wird durch rassistische Diskriminierung schwer beeinträchtigt (<https://www.antidiskriminierungsstelle.de> Diskriminierungsrisiken durch Verwendung von Algorithmen, S. 1 ff.).

[12] Neue Medien umfassen Digitale und Soziale Medien. Vielfach handelt es sich bei Digitalen Medien um elektronische Medien. Soziale Medien sind Digitale Medien, die der zwischenmenschlichen Kommunikation, Vernetzung und Kooperation dienen. Man versteht darunter die Gesamtheit der Medien und Technologien, die die Möglichkeit bieten, sich auszutauschen und mediale Inhalte zu erstellen. Insbesondere Plattformen (Social Software) ermöglichen es Nutzener, sich im Internet zu vernetzen (<https://de.m.wikipedia.org> Soziale Medien, S. 1).

5. Hate Speech/Online Hate Speech

Unter Hate Speech (Hassrede) versteht man eine Form der öffentlichen Herabwürdigung von „historically oppressed groups" (historisch benachteiligten Gruppen), die mit der Diskriminierung und Gewalt gegen diese Gruppen einhergeht (Stone 2000, S. 1056; vgl. auch Committee on the Elimination of Racial Discrimination 2013).

In der vorliegenden Forschung kommt der Definition von Hate Speech eine zentrale Bedeutung zu. Es handelt sich hier um einen Überbegriff, der je nach Fachgebiet und wissenschaftlichem Kontext unterschiedlich gefasst wird[13] (Brown 2017/36, S. 419: What is Hate Speech? Part 1: The Myth of Hate. Law and Philosophy; siehe auch Brown 2017/36, S. 561. What is Hate Speech? Part 2: Family Resemblances. Law and Philosopy).

Die Antidiskriminierungsstelle Steiermark (ADS) definiert Hate Speech bzw. Online Hate Speech als Äußerungen, die sich gegen Individuen oder Gruppen richten und u. a. hasserfüllte bzw. verhetzende oder beleidigende Inhalte aufweisen. Häufig beziehen sich diese auf bestimmte Merkmalen und beinhalte nicht selten Aufrufe zu Gewalt. Solche Aussagen erfüllen nicht immer einen Straftatbestand, können aber dennoch diskriminierend wirken. Dabei ist es wichtig, das subjektive Empfinden der Betroffenen zu berücksichtigen. In der Regel liegt eine Intention vor, einzelne Personen oder ganze Gruppen gezielt anzugreifen oder zu diffamieren (Antidiskriminierungsstelle Steiermark (ADS), Definition von „Hate Speech").

Von Interesse ist auch die Definition von CERD, der Internationalen Anti-Rassismus-Konvention für Hate Speech bzw. Rassistisches Hate Speech. In der General Recommendation 35 (2013) wurden diesbezüglich folgende Sachverhalte zusammengefasst:

„a) All dissemination of ideas based on racial or ethnic superiority or hatred, by what ever means;

b) Incitement to hatred, contempt or discrimination against members of a group on grounds of their race, colour, descent, or national or ethnic origin;

c) Threats or incitement to violence against persons or groups on the grounds in above;

---

[13] Brown zeigt in seiner Publikation „What is Hate Speech?" u. a. auf „The issue of hate speech has received significant attention from legal scholars and philosophers alike.

d) Expression of insults, ridicule or slander of persons or groups or justification of hatred, contempt or discrimination on the grounds in above, when it clearly amounts to incitement to hatred or discrimination;
e) Participation in organizations and activities which promote and incite racial discrimination;
f) [...] public denials or attempts to justify crimes of genocide and crimes against humanity, as defined by international law" (CERD General Recommendation 35, 2013).

Da in der vorliegenden Forschung auch Maßnahmen des Europarats gegen „Rassismus im Netz" usw. relevant sind, soll auch die Definition von Hate Speech des Ministerkomitees des Europarats aufgezeigt werden. Dieser Begriff umfasst hier: „Jegliche Ausdrucksformen, welche Rassenhass, Fremdenfeindlichkeit, Antisemitismus oder andere Formen von Hass, die auf Intoleranz gründen, propagieren, dazu anstiften, sie fördern oder rechtfertigen, einschließlich der Intoleranz, die sich in Form eines aggressiven Nationalismus und Ethnozentrismus, einer Diskriminierung und Feindseligkeit gegenüber Minderheiten, Einwanderern und der Einwanderung entstammender Personen ausdrücken" (Ministerkomitee des Europarats. Empfehlung Nr. R(97) 20 an die Mitgliedstaaten über die Hassrede, 30. Dezember 1997).

Im Kontext der vorliegenden Arbeit bezeichnet Hate Speech vor allem öffentliche Kommunikation in Form bewusster und/oder intentionaler Äußerungen usw. mit diskriminierenden Inhalten. Dadurch wird menschliche Minderwertigkeit kommunikativ erzeugt. Dabei werden bewusst und/oder intentional Antinomien aktiviert, bei denen verschiedene Gruppen von Menschen als ungleichwertige Gegensätze definiert werden (Brown 2017, S. 419 ff.; vgl. auch Sponholz 2018, S. 48).

Lange Zeit wurde Hate Speech im Bereich der Forschung oft (nur) als eine Frage der Sprache angesehen. D. h., diese Form öffentlicher Kommunikation wurde auf ihre Inhalte reduziert. Bei Betrachtung der Online-Öffentlichkeit ist diese Ansicht jedoch zu kurz gegriffen. Würde man Hate Speech nur als Inhalt sehen, könnte eine Anstiftung zur Diskriminierung, zur Gewalt

---

But the vast majority of this attention has been focused on presenting and critically evaluating arguments for and against hate speech bans as opposed to the prior task of conceptually analyzing the term ‚hate speech' itself" (Brown 2017, S. 419).

sowie zur Verbreitung diskriminierender Inhalte nicht (einfach) erkannt bzw. erklärt werden[14] (Friese et al. 2019, S. 158).

Rassistische Handlungen sowie Anstiftung, Verbreitung, Rechtfertigung usw. werden eben nicht nur durch Inhalte vollzogen. Eine Analyse kann daher nicht auf das reduziert werden, was auf dem Monitor erscheint. Forschungsansätze, die Hate Speech als Content Object betrachten, reduzieren das Problem grundsätzlich auf die schriftliche Sprache. Hier wird nur „Blue Collar-Hate Speech" erfasst, andere Formen bleiben unberücksichtigt[15] (Friese et al. 2019, S. 157).

Für eine wissenschaftliche Analyse ist es deshalb notwendig, dass sich die Hate-Speech-Forschung nicht auf die schriftliche Sprache in Posts und Kommentaren beschränkt. In eine Analyse müssen auch die Verfasser/innen von Posts sowie die technischen Prozesse, die die Kommunikation auf Plattformen mitsteuern, miteinbezogen werden (Friese et al. 2019, S. 157).

Bei Online Hate Speech werden Konflikte nämlich nicht nur durch Kommunikationspartner/innen erzeugt, sondern auch durch die Medienlogik digitaler Plattformen aktiv mitgestaltet. Inhalte werden hier nicht nur durch Aktivitäten von Nutzer/innen verbreitet, sondern auch in einem technisch vorgegebenen Rahmen durch eine algorithmisch gesteuerte Auswahl (z. B. Social Bots). Hier können auch Netzwerke entstehen und erweitert werden. „Online Hate Speech" muss somit auch im Kontext technischer Entwicklungen und als gesellschaftliches Phänomen betrachtet werden[16] (van Dijek & Poell 2013).

---

[14] Online-Netzwerkplattformen, wie Facebook usw., verwandeln Content Objects in Digital Objects. Das bedeutet eine Vernetzung von Inhalten und sozialen Akteur/innen. Erst eine Analyse von Hate Speech als Digital Object ermöglicht es, die Konfliktdynamik festzustellen und zu verstehen (Friese et al 2019, S. 158).

[15] Solche Textanalysen gehen auch von der Grundannahme aus, dass hinter den vernetzten Computern konkrete Personen stehen. Dadurch werden Entwicklungen wie Social Bots, Hashtags und andere Formen möglicher Manipulation nicht berücksichtigt. Dies kann grundsätzlich zu falschen Schlussfolgerungen führen (Friese et al 2019, S. 157).

[16] UN-Generalsekretär Antonio Guterres zeigt ebenfalls auf, dass es sich bei „Online Hate Speech" um ein aktuelles gesellschaftliches Phänomen handelt. Dieses Phänomen sei seiner Ansicht nach von nationaler und internationaler Relevanz. Guterres sieht in „Hate Speech" einen Angriff auf den fundamentalen Kern der „Menschenrechtsprinzipien" bzw. der „Menschenrechtsnormen" (UN Secretary-General's remarks at the launch of the United Nations Strategy and Plan of Action on Hate Speech as delivered, 18th June 2019).

6. Hasskriminalität

Als „Hasskriminalität" (*hate crime*) werden Straftaten bezeichnet, bei denen das Opfer eines Delikts vom Täter bzw. der Täterin vorsätzlich aufgrund seiner realen oder vermeintlichen Zugehörigkeit zu einer gesellschaftlichen Gruppe oder zu einem bestimmten Geschlecht ausgewählt wird. Die Tat richtet sich gegen eine ausgewählte Gruppe als Ganzes bzw. in diesem Kontext gegen eine Institution, Sache oder ein Objekt. Unter diesen Begriff können u. a. rassistisch motivierte Straftaten fallen[17] (Deutscher Bundestag. Frage zur polizeilichen Lagebilderstellung von Anschlägen gegen Flüchtlingsunterkünfte, BT-Drs. 18/7000. Antwort zu Frage Nr. 22 S. 17).

7. Kommunikation/öffentliche Kommunikation

7.1. Kommunikation

Unter Kommunikation (lateinisch „communicatio" für „Mitteilung") versteht man den Austausch oder die Übertragung von Informationen, die auf verschiedene Arten (verbal, nonverbal und paraverbal) und auf unterschiedlichen Wegen (durch Sprechen oder Schreiben) erfolgen kann. In der Gegenwart ist insbesondere auch die computervermittelte Kommunikation von großer Bedeutung[18] (Merten 1999, S. 76 ff.).

Kommunikation spielt eine zentrale Rolle bei der Verbreitung von Rassismus – insbesondere im digitalen Raum –, kann aber zugleich auch

---

[17] Die Europäische Union und deren Mitgliedstaaten sind verpflichtet, die Sichtbarkeit solcher Verbrechen zu verbessern und Täter/innen verantwortlich zu machen. Es existieren bereits zahlreiche Urteile des „Europäischen Gerichtshofs für Menschenrechte" wo Länder verpflichtet wurden, Vorurteile aufzudecken, die Beweggründe für Straftaten waren (<https://fra.europa.eu> Hasskriminalität, S. 1).

[18] Kommunikation ist ein Prozess der Übertragung von Nachrichten bzw. von Informationen zwischen einem Sender und einem oder mehreren Empfängern. Im engeren Sinn versteht man unter Kommunikation den Austausch von Botschaften oder Informationen zwischen konkreten Personen. Als Kommunikationskanäle werden hier die Sprache sowie die Körpersprache (nonverbale Kommunikation) verwendet, zu der beispielsweise die Mimik, die Gestik und der Blickkontakt gehören. Im Bereich der wissenschaftlichen Analyse werden die kommunizierenden Personen vielfach als Kommunikator und Rezipient bezeichnet. Ein abstrakter Ansatz zur Analyse von Kommunikationsprozessen ist die Semiotik (<https://wirtschaftslexikon.gabler.de>, S. 1 ff.).

als wirksames Mittel zur Gegenwehr genutzt werden. Vor allem im Bildungsbereich sollten Kommunikationsstrategien im Internet bzw. in soziale Netzwerke thematisiert werden. Das sollte auch dazu führen, Techniken zu entwickeln, um sich erfolgreich gegen Rassismus im Internet positionieren zu können (Zeilner 2024).

7.2. Öffentliche Kommunikation

Die Begriffe „Öffentlichkeit" und „Öffentliche Kommunikation" sowie das Verständnis davon haben sich durch die Möglichkeiten der digitalen Kommunikation wesentlich verändert. Dies umfasst auch den Wandel von einer Öffentlichkeit zu mehreren Öffentlichkeiten. Diese Öffentlichkeiten entstehen durch das World Wide Web, aber auch durch Soziale Medien und die Zusammenwirkung von Algorithmen. Dies ist für das Thema „Online Hate Speech" und dessen Problematik von großer Bedeutung (Goldgruber/ Radkohl 2021, S. 67).

8. Soziale Medien/Soziale Netzwerke

Der Begriff „Soziale Medien" (engl.: *Social Media*) umfasst „Angebote auf Grundlage digital vernetzter Technologien, die es Menschen ermöglichen, Informationen aller Art zugänglich zu machen und auf dieser Grundlage soziale Beziehungen zu knüpfen und/oder zu pflegen" (Taddicken et al. 2017, S. 9).

Der Begriff „Soziales Netzwerk" (engl. *Social Network*) bezeichnet eine webbasierte Plattform oder eine Website, über die Nutzer miteinander kommunizieren und dabei digitale Inhalte wie etwa Texte, Bilder, Links oder Videos teilen können. Soziale Netzwerke sind Dienste im Internet, über die Personen miteinander in Kontakt treten können. Es spielt hier keine Rolle, ob diese Personen sich in Wirklichkeit kennen oder nicht (Meyer et al. 2022, S. 178).

Soziale Medien bzw. soziale Netzwerke sind nicht nur eine Kommunikationsplattform, sondern unter Umständen auch eine Radikalisierungs- und Rekrutierungsplattform. Dazu gibt es auch bereits internationale Studien. Zum Thema Radikalisierungsplattform sei beispielsweise die Studie der Birmingham City University zu nennen. An dieser Universität wurden zwischen Januar 2013 und April 2014 Tweets analysiert und ein entsprechender Bericht veröffentlicht. Dabei wurde u. a. aufgezeigt, dass Twitter dazu verwendet wurde, um Feindseligkeiten zu erzeugen und Gewalt anzuregen. Dies erfolgte hier im Kontext von Social Networking[19] (<https://www.internet-matters.org> Radikalisierung junger Menschen durch soziale Medien, S. 1 ff.).

9. „Social Bots" und „Trolle"

Social Bots (*Social Networking Bots*) sind Programme, die in sozialen Netzwerken menschliche Verhaltensmuster simulieren und als (falsche) Accounts auftreten. Sie basieren auf bestimmten Algorithmen. Social Bots sind Softwareroboter, die in Social Media vorkommen. Durch Liken, Retweeten, Texten und Kommentieren können sie über natürlichsprachliche Fähigkeiten verfügen. Zudem können sie auch als Chatbots fungieren und mit Nutzern synchron kommunizieren. Sie werden auch zur Sichtbarmachung und Verstärkung von Aussagen und Meinungen eingesetzt. Hierbei ist auch die politische Wirkung wichtig.

Der Begriff Troll stammt aus der „Netzkultur" und bezeichnet eine Person, die im Internet mit „zündelnden" Flame-Kommentaren vorsätzlich einen verbalen Disput entfachen oder absichtlich Personen im Internet verärgern will. Die Kommunikation in Communities (z. B. Foren, Chaträume, Blogs usw.) ist auf Beiträge beschränkt, die auf emotionale Provokation anderer Gesprächsteilnehmer abzielen. Die emotionale Reaktion anderer Teilnehmer ist hierbei beabsichtigt. Durch Trollbeiträge kann auch Schaden entstehen, vor allem kann das Vertrauen innerhalb einer Community zerstört werden (Donath 1998, S. 29 ff.).

---

[19] Die Nutzung sozialer Netzwerke ist bereits ein wesentlicher Bestandteil in der Lebenswelt vieler Menschen, insbesondere auch von Schüler/innen, Studierenden und Pädagog/innen. Für junge Menschen im Alter zwischen 16 und 24 Jahren ist Social Networking eine der Hauptaktivität, für die das Internet nutzen. Das ist u. a. auch extremistischen Gruppen bewusst, weshalb diese Social-Media-Plattformen verwenden, um auf ihre Inhalte aufmerksam zu machen. Das inkludiert u. a. auch Gewalt und Rassismus was zur Radikalisierung führen kann (<https://www.internetmatters.org> Radikalisierung junger Menschen durch soziale Medien, S. 1 ff.).

10. Hetze

Gemäß der bisherigen Rechtsprechung zum Delikt der Verhetzung wird „Hetze" als „eine in einem Appell an Gefühle und Leidenschaften bestehende tendenziöse Aufreizung zum Hass und zur Verachtung" definiert (OGH 28. Januar 1998, 15 Os 203/98).

11. Vorurteilsmotivierte Straftaten

Als „vorurteilsmotivierten Straftaten" werden gerichtlich strafbare Handlungen bezeichnet, „die aufgrund der tatsächlichen oder vermeintlichen Zugehörigkeit geschädigter Personen zu Gruppen begangen werden, die die Täter/innen ablehnen". Vorurteilsmotivierte Straftaten können sich gegen Leib und Leben, fremdes Vermögen, Ehre oder andere Rechtsgüter richten (Bundesministerium für Inneres, Hate Crime – Vorurteilsbedingte Straftaten).

Seit dem 1. November 2020 werden Vorurteilsmotiven bei vorsätzlichen Straftaten systematisch erfasst, wodurch wichtige Anhaltspunkte für das Erkennen und Verfolgen von Hate Crime vorhanden sind. Grundsätzlich haben vorurteilsmotivierte Straftaten stärkere Auswirkungen als andere Straftaten ohne Vorurteilsmotiv, insbesondere durch Wellen der Verletzungen. Sie treffen neben dem Opfer alle Personen oder Gruppen mit demselben Identitätsmerkmal. Das hat auch sehr negative Auswirkungen auf die gesamte Gesellschaft (Bundesministerium für Inneres, Vorurteilskriminalität).

Historisches: Entwicklungen von Rassismus und Online-Rassismus

1. Rassismus in der Antike

Die Begriffe „Rassismus" und „Fremdenfeindlichkeit" lassen sich seit der Antike in spezifischen historischen Kontexten und Konstellationen nachweisen. Damit wurde eine Ablehnung von Menschen ausgedrückt, die als anders oder fremd angesehen wurden. Im Kern geht es hierbei um hierarchisierende Selbst- und Fremdzuschreibungen. Rassismus und Fremdenfeindlichkeit förderten seit der Antike sowohl Identität als auch Alterität und führten zu gesellschaftlichem Ein- und Ausschluss. Die Legitimation politischer Herrschaft und die Rechtfertigung für die Bekämpfung innerer und äußerer Feinde waren damals von wesentlicher Bedeutung (<https://www.fu-berlin.de> mediathek>Rassismus und Fremdenfeindlichkeit von der Antike bis zur Gegenwart, S. 1).

Dieses antike Denken in Gegensatzpaaren, d. h. „Wir" und die „Anderen", ist auch ein Selbstbild und ein Fremdbild. Aristoteles leitete daraus auch eine politische Ordnung ab. Seiner Ansicht nach waren Barbaren minderwertig und deshalb für die Knechtschaft geschaffen. Mit dieser Abgrenzung zwischen Hellenen und Barbaren wurde auch bereits ein rassistisches Weltbild erzeugt[20] (<https://www.sn.at> Wissen>Warum der Rassismus nicht aufhört, S. 1).

Über viele Jahrhunderte war ein (unterschiedliches) rassistisches Weltbild in europäischen und anderen Staaten vorhanden und ist es zum Teil noch

---

[20] In der politischen Sprache der Griechen hatte das Begriffspaar „Hellenen" und „Barbaren" die Funktion einer Identitätsbestimmung mit streng ausschließendem Charakter. Im historischen Längsschnitt von Homer bis in die Spätzeit des Hellenismus variierten jedoch die Ansichten darüber, wer im jeweiligen Kontext als „Hellene" oder „Barbare" galt (Eichler 1992, S. 3).

immer. Rassismus breitete sich aus und verfestigte sich in Strukturen. Im Mittelalter hat sich die Kluft zwischen wir und die anderen noch verstärkt. Ein wesentlicher Grund dafür war, dass die Christen ihre Religion als die einzig wahre betrachteten (<https://www.quarks.de> gesellschaft>Darum müssen wir offen über Rassismus sprechen, S. 1 ff.).

2. Das Zeitalter der Aufklärung: Beginn der Kategorisierung der Natur

Der Gebrauch des Begriffes „Rasse" im heutigen Sinn entstand im 17./18. Jahrhundert. Zu dieser Zeit wandten sich viele Wissenschaftler und Philosophen von der Sichtweise ab, die Natur sei eine göttliche Schöpfung. Forscher vieler Wissensgebiete begannen die Natur zu vermessen und zu kategorisieren. Insbesondere wurden Tiere und Pflanzen in Arten, Familien, Gruppen und Rassen unterteilt. Bis zum 17. Jahrhundert wurde der Begriff „Rasse" zur Klassifizierung von Tier- und Pflanzenarten verwendet (Mandera 2004, S. 2).

Im 18. Jahrhundert erfolgte dann eine naturwissenschaftliche Klassifizierung der belebten und unbelebten Welt. Solche Ansätze, Organismen zu ordnen, förderten auch die Entwicklung des Evolutionsgedankens. Das Weltbild war jedoch noch weit bis ins 18. Jahrhundert von der Idee geprägt, dass die Erde vollkommen sei und nichts grundsätzlich Neues geschehe. So vertrat beispielsweise Carl von Linné eine Theorie der Artkonstanz und keine Theorie der Weiterentwicklung. Seine Klassifikation der Pflanzen- und Tierwelt war damals so bedeutend, dass sich Biologen des 18. und 19. Jahrhunderts mit Widersprüchen in diesem Kontext auseinandersetzten. Eine wesentliche Frage war damals auch, wer eigentlich zur Menschheit gehört (<https://www.planet-wissen.de> Evolutionsforschung – Forschung – Natur, S. 1 f.).

3. Rassismus im 19. Jahrhundert

3.1. Die Transformation der Rassentheorie zur Weltanschauung

Die Rassentheorie entwickelte sich im 19. Jahrhundert zu einer (politischen) Weltanschauung. Gründe dafür waren unter anderem eine Präzisierung des Konstrukts Rassismus, die Ansichten von Staaten, humanitären Bewegungen und bereits vorhandene Literatur. Dies führte auch zu kontroversen Ansichten zum Thema Rassismus (Geulen 2014, S. 57).

In der Literatur betreffend hatte beispielsweise Arthur de Gobineau mit seinen zwischen 1853 und 1855 erschienenen Werken „Versuch über die Ungleichheit der Menschenrassen" und den darin enthaltenen Thesen einen wesentlichen Einfluss auf die sich nun entwickelnde Form von Rassismus als konstruiertes Weltbild (de Gobineau 1853–1855. Versuch über die Ungleichheit der Menschenrassen).

Bestärkt wurde der Rassismus sicher auch durch die im Jahr 1859 veröffentlichte Evolutionstheorie von Charles Darwin, insbesondere durch die darin verwendeten sprachlichen Bilder und ein falsches Verständnis seiner Evolutionstheorie. Laut Darwins Theorie überleben nicht die Stärkeren, sondern jene Arten, die sich besser anpassen können (auch zufällig). Das können auch „schwächere Arten" sein[21] (Geulen 2014, S. 66 ff.).

In der zweiten Hälfte des 19. Jahrhunderts haben rassistische Theorien durch den Imperialismus große Bedeutung erlangt. Die zunehmende Bedeutung der Biologie, insbesondere durch Darwin, ermöglichte es, diesen Wissenschaftsbereich – wenn auch auf wissenschaftlich unhaltbare Weise – auch auf die menschliche Entwicklung bzw. Zivilisation auszudehnen. Die unmenschliche Kolonialpolitik der imperialistischen Staaten wurde damals rassistisch legitimiert. Dies führte zu rassistischem Denken[22] (Aufrisse. Rassismus in Österreich. *Zeitschrift für politische Bildung*. 4. Jg., 3/1983, S. 6).

Gegen Ende des 19. Jahrhunderts richtete sich rassistisches Denken vor allem gegen die Bevölkerung in Kolonien sowie gegen bestimmte Gruppen von Menschen in europäischen Staaten (<https://segu-geschichte.de> Imperialismus – Kolonialismus – Rassismus, S. 1 ff.).

---

[21] Die Entwicklung der Rassentheorie von einer politischen Ideologie zu einer Weltanschauung wurde unter anderem durch das im Jahre 1883 erschienene Werk von Ludwig Gumplowicz mit dem Titel *Der Rassenkampf: Soziologische Untersuchungen* vorangetrieben (Gumplowicz 1883. *Der Rassenkampf*).

[22] Rassismus wurde in der Kolonialzeit mit der sogenannten „Rassenlehre" systematisiert. Beispielsweise wurden Menschen aufgrund des Aussehens und der Herkunft hierarchisch zugeordnet und mit Eigenschaften versehen. Weiße Menschen waren in dieser „Rassenkonstruktion" immer an oberster Stelle (<https://www.quarks.de> gesellschaft>Darum müssen wir offen über Rassismus sprechen, S. 1 ff.).

Zwar war Österreich damals keine Kolonialmacht, jedoch finden sich auch hier grundsätzlich dieselben Bilder und Stereotype, die zur Kolonialzeit in anderen Ländern geschaffen wurden[23] (Loidl 2017, S. 28 ff.).

3.2. Das Konzept der „Rassen" und der Ursprung des „Rassismus"

Das Konzept der Rassen entstand sich im 19. Jahrhundert im Bereich der Naturwissenschaften. In diesem Kontext wurde versucht, das damals in Europa existente Klischee einer überlegenen „weißen Rasse" wissenschaftlich zu begründen. Rassismus hat seinen Ursprung vor allem in der Kolonialisierung Afrikas und Südamerikas. Die Versklavung von Afrikanern zur Arbeitsleistung bzw. zur Ausbeutung von Rohstoffe der eroberten Gebiete verstärkte das Gefühl der „moralischen" und „zivilisatorischen" Überlegenheit der „weißen Rasse" (<https://www.bpb.de> Die Entstehung des Rassismus, S. 1 ff.).

Bis ins 20. Jahrhundert wurden für die Einteilung von Menschen in „Rassen" biologische Merkmale verwendet. Dazu zählten beispielsweise Merkmale des Körpers, der Hautfarbe oder auch spezielle Merkmale des Gesichts. Aus diesen Merkmalen wurde dann eine „Rassentheorie" entwickelt[24] (<https://kontrast.at> Was ist Rassismus – und wie sind Menschen in Österreich betroffen?, S. 1 ff.).

---

[23] Solche Stereotype zeigten sich beispielsweise bei der Weltausstellung in Wien im Jahr 1873, bei der u. a. Afrikaner/innen zur Schau gestellt wurden. Damit verbunden waren vor allem Neugier, Geringschätzung und sexuelles Interesse. Diese Praxis wurde damals als „Völkerschau" oder „Kolonialschau" bezeichnet. Es handelte sich um eine Zurschaustellung von Menschen einer als fremd empfundenen Ethnie gegen Eintrittsgeld. Die meisten „Völkerschauen" in Europa fanden zwischen 1870 und 1940 statt. In Österreich war eine im Jahr 1825 in einem Café vorgestellte „Inuit-Familie" wahrscheinlich die erste Zurschaustellung von Menschen (<https://de.m.wikipedia.org> WIKI>Völkerschau; S. 1).

[24] Diese Form des Rassismus war zur Zeit des Imperialismus und des Kolonialismus dominierend. Damit wurden auch Verbrechen über einen bestimmten Zeitraum hinweg gerechtfertigt. Dazu zählen beispielsweise Sklaverei, Kolonialismus, die Verbrechen des Apartheidregimes, des NS-Regimes usw. (<https://kontrast.at> Was ist Rassismus – und wie sind Menschen in Österreich betroffen?, S. 1 ff.).

4. Rassismus im 20. Jahrhundert

Der Begriff Rassismus ist in den frühen 1930er-Jahren entstanden. Als Begriff bzw. übergeordneter Name galt er für alle radikalen Bewegungen und Regime, die in der ersten Hälfte des 20. Jahrhunderts eine Politik der geplanten physischen Vernichtung von konkreten Bevölkerungsgruppen betrieben, die über der Ausgrenzung und Anfeindung hinausging. Der Begriff fokussiert sich besonders auf jene Ideologien, in denen die Annahme natürlicher Rassen, Rassenunterschiede, Rassenkämpfe usw. zentral war[25] (<https://www.bpb.de> Geschichte des Rassismus/Themen/bpb.de, S. 1 f.).

Zu Beginn des Rassismus war die Einteilung der Menschen bzw. der Menschheit in Rassen wesentlich. Es gibt jedoch keine allgemeingültige Definition von Rassismus, insbesondere, da es in den relevanten Wissenschaften kontroverse Diskussionen gab und gibt. Kontroversen über die Bedeutung bzw. Definition von Rassismus können vor allem damit begründet werden, dass vielfach eine enge und eine weite Bedeutung parallel genutzt werden. Nach der enge Bedeutung des Rassismus sind diejenigen Ideologien rassistisch, „welche die Menschen in eine Anzahl von biologischen Rassen mit genetisch vererbbaren Eigenschaften einteilen und die so verstandenen Rassen hierarchisch einstufen"[26] (<https://www.humanrights.ch> Was ist Rassismus? Definitionen von Rassismus?, S. 1 ff.).

In seiner weit gefassten Bedeutung umfasst der Begriff „Ideologien und Praxisformen auf der Basis der Konstruktion von Menschengruppen als Abstammungs- und Herkunftsgemeinschaften, denen kollektive Merkmale zugeschrieben werden, die implizit oder explizit bewertet und als nicht oder nur schwer veränderbar interpretiert werden" (<https://www.humanrights.ch> Was ist Rassismus? Definitionen von Rassismus?, S. 1 ff.; vgl. auch Zerger 1997, S. 81).

---

[25] Historische Epochen davor und danach zeigen auf, dass Rassismus nicht nur rechtskonservativen und rechtsradikalen Formen der politischen Strömungen zuzuordnen ist, sondern auch eine eigenständige ideologische Denk-und Handlungsweise darstellt. Das kann im politischen Kontext auch das „linke" oder „liberale" Spektrum betreffen, aber auch Personen ohne dezidierte politische Ideologie bzw. Orientierung (<https://www.bpb.de> Geschichte des Rassismus/Themen/bpb.de, S. 1 f.).

[26] Dieses sogenannte klassische Konzept war insbesondere in der Epoche des europäischen Kolonialismus und Imperialismus bis nach dem Zweiten Weltkrieg aktuell. Aus wissenschaftlicher Sicht ist es jedoch eine pseudobiologische Ideologie (<https://www.humanrights.ch> Was ist Rassismus? Definitionen von Rassismus?, S. 1 ff.).

Das Thema „Menschenrassen" ist in der Wissenschaft genetisch-biologisch untersucht und widerlegt, ideologisch und gesellschaftlich ist es aber nach wie vor aktuell (Bundeszentrale für politische Bildung, Rechtsextremismus. Rassen? Gibt's doch gar nicht!, S. 1 f.).

Durch die Genetik können nach derzeitigem Stand der Forschung keine Menschenrassen definiert werden. Zwar sehen Menschen in bestimmten bzw. verschiedenen Lebensbereichen der Erde bzw. geografischen Regionen unterschiedlich aus, was teilweise an den Genen liegt, dennoch können keine Menschenrassen definiert werden[27] (<https://www.nzz.ch> wissenschaft>Die Genetik trennt keine Menschenrassen, S. 1 f.).

5. Die Entstehung der Zweiten Österreichische Republik (ab 1945)

Die Zweite Republik in Österreich entstand mit der Befreiung vom Nationalsozialismus und der (neuerlichen) Ausrufung der Republik am 27. April 1945. Bereits am 25. November 1945 fanden die ersten freien Wahlen der Zweiten Republik statt. Bis zum Jahr 1955 wurden diese jedoch noch vom Alliierten Rat kontrolliert[28] (<https://m.politik-lexikon.at> Republik Österreich, S. 1 f.).

Mit Beginn der Zweiten Österreichischen Republik waren Rassismus, Antisemitismus und Ressentiments gegen bestimmte Menschengruppen jedoch nicht beseitigt. Die Nachkriegsgenerationen in Österreich waren vielfach Produkt eines kollektiven Gedächtnisses, sie waren aber auch bereits Produzent/innen eines kollektiven Gedächtnisses. Dies zeigt u. a. auch die Historikerin Margit Reiter in einer ihrer Publikationen. Reiter zeigt auch auf, dass es mehrere Strategien im Umgang mit der

---

[27] Wesentliche Schritte waren hier beispielsweise die Entschlüsselung des menschlichen Genoms und die Ergebnisse des Genetikers Luigi Luca Cavalli-Sforza. Dieses lautet: „Die genetischen Unterschiede einer Gruppe sind größer als die genetischen Unterschiede zwischen Völkern" (Diendorfer et al. 2016, S. 325).

[28] Die Herrschaft des Nationalsozialismus hatte tiefe Spuren hinterlassen. Die „Rassenideologie" und die Vernichtungskriege im Osten markierten eine Bruchlinie der europäischen Geschichte. Nach dem Ende des Zweiten Weltkriegs entstand zudem ein großer Riss zwischen dem westlichen Lager (USA und Verbündete) und der kommunistischen Weltanschauung (Sowjetunion und Verbündete). Es begann die Zeit des „Kalten Krieges" (Gutschner/Rohr 2008, S. 5).

nationalsozialistischen Vergangenheit und den (möglichen) familiä-
ren Verstrickungen gibt: „Interessenlosigkeit bzw. Gleichgültigkeit",
„Verständnis und Verteidigung" sowie „kritische Auseinandersetzung und
politische Distanzierung". D. h. es gibt eine Bandbreite in Bezug auf diesen
Umgang (Reiter 2006, S. 283 ff.).

6. Rassismus im 21. Jahrhundert

Rassismus im 21. Jahrhundert findet insbesondere auch im Internet und
in Sozialen Medien statt. Diese Medien haben einen wesentlichen Einfluss
auf die Verbreitung rassistischer Ideologien; sie bieten Möglichkeiten der
Kommunikation und somit auch des Austauschs rassistischer Inhalte[29]
(Titley 2019, S. 103).

Im historischen Längsschnitt betrachtet können Entwicklungsschritte von
Rassismus im Internet festgemacht werden. Dies begann bereits in der zwei-
ten Hälfte des 20. Jahrhunderts und umfasst Memes bis Hasskommentare.
Beispielsweise wurden in den 1980er-Jahren Mailboxnetze bereits auch
für Propagandazwecke missbraucht (<https://hateaid.org> Von Memes bis
Hasskommentare: Rassismus im Internet, S. 1 ff.).

In den 1990er-Jahren wurde das World Wide Web (WWW) populär und das
Internet für die breite Öffentlichkeit zugänglich. Dies begünstigte jedenfalls
auch die Verbreitung von Rassismus, Hasspostings bzw. Hasskommentaren.
In Österreich wurden Digitale Medien bereits zu Beginn der 1990er-Jahre
als effizientes Werkzeug erkannt, um Informations- und Propagandamaterial
in digitaler Form zu verbreiten. Dazu zählten auch rassistische und rechts-
radikale Inhalte, die auch als im Bildungsbereich ein relevantes Thema
waren bzw. sind. Als Gegenmaßnahme wurde damals eine interministe-
rielle Arbeitsgruppe eingerichtet, in der vor allem Pädagog/innen für die

---

[29] Der „Entwicklungsprozess" begann jedoch bereits in den 1990er-Jahren. Mit den
Anfängen des „Internets" zu Beginn dieser Dekade war das Thema „Rassismus im
Netz" bzw. „Hass im Netz" bereits vorhanden. Es begann ein Entwicklungsprozess,
der durch die rasche Entwicklung der Digitalisierung und durch das Aufkommen der
Sozialen Medien forciert wurde. Mit der Zunahme bzw. den Möglichkeiten interaktiver
Plattformen bekam Hass im Netz – und damit Gewalt im Netz – eine zunehmend
größere Bühne weltweit (<https://weisser-ring.de> Die unterschwellige Gefahr: Hass
im Netz, S. 8).

Thematik sensibilisiert und Gegenmaßnahmen entwickelt werden sollten[30] (Bailer-Galanda 1997, S. 30 f.).

Im Jahr 1995 wurden dann die ersten rassistischen Foren im Internet gegründet. Ein Beispiel ist das „Stormfront-Forum", eine der ältesten Internetseiten. Im Jahr 2000 wurde das „Anti-Defamation League (ADL) HateFilter Project" ins Leben gerufen. Mit diesem Projekt sollten Technologien entwickelt werden, um rassistische und hasserfüllte Inhalte im Internet zu identifizieren und zu blockieren. 2004 erfolgte dann die Gründung von Facebook. Der Social-Media-Dienst wurde schnell zu einer beliebten Plattform für die Verbreitung von Inhalten im Internet, darunter auch Hasspostings. 2005 wurde die Videoplattform YouTube gegründet, sodass nun u. a. auch rassistische Inhalte im Internet per Video verbreitet werden konnten[31] (<https://hate-aid.org> Von Memes bis Hasskommentare: Rassismus im Internet, S. 1 ff.).

Rassismus im Internet ist aktuell ein großes Problem, weshalb gezielte Gegenstrategien notwendig sind. Nicht nur Facebook wird vorgeworfen, zu wenig gegen Rassismus, Hassbotschaften, politische Manipulationen usw. zu unternehmen. Solchen Inhalten im Internet und in Sozialen Medien muss jedenfalls entgegengesteuert werden. Dafür sind auch Kenntnisse über die Bedeutung sozialer Netzwerke zur Meinungsbildung und für Manipulationen notwendig sind (<https://www.eltern-medienfit.bz> Soziale Medien, S. 1 f.).

7. Rassismus im Netz in Österreich: Untersuchung der ZARA-Rassismus-Reports von 2010 bis 2023

7.1. ZARA-Rassismus-Reports

Seit bereits vielen Jahren veröffentlicht ZARA jährlich den Rassismus-Report. Diese Zara-Rassismus-Reports legen den Fokus auf die Analyse rassistischer

---

[30] Das BMUK versuchte beispielsweise mit dem Computerspiel „Courage", rassistische und ausländerfeindliche Tendenzen bei der Zielgruppe der Zwölf- bis Achtzehnjährigen zu erkennen und diesen entgegenzuwirken. Ein weiteres Tool des BMUK war die CD-ROM „Mit anderen Augen. Neuer Rassismus in Europa". Hierbei handelt es sich um ein multimediales Informationssystem, das die Möglichkeiten eines interaktiven Mediums nutzt, um brisante Themen wie Rassismus usw. über die Zugänge „Denken", „Handeln" und „Fühlen" erfassbar zu machen (Bailer-Galanda 1997, S. 30 f.).

[31] Im Jahr 2009 konnte das US-amerikanische „Digital Hate and Terrorism Project" mittels einer Studie mehr als 10.000 rassistische Websites und Inhalte identifizieren (<https://hateaid.org> Von Memes bis Hasskommentare: Rassismus im Internet, S. 1 ff.).

Übergriffe und Strukturen in Österreich. Das umfasst rassistische Vorfälle im öffentlichen Raum, im Internet, in der Politik und in den Medien, rassistische Beschmierungen, rassistische Reaktionen auf Anti-Rassismus-Arbeit, Vorfälle mit der Polizei, sonstigen Behörden, öffentliche Institutionen und Dienstleister/innen, in den Bereichen Beschäftigung und Unternehmertum sowie Güter und Dienstleistungen. Die Reports umfassen insbesondere Daten zu den bei ZARA erfolgten Meldungen. Daraus ist ersichtlich, wie viele Menschen direkt von Rassismus betroffen waren oder einen rassistischen Vorfall als Zeug/innen gemeldet haben. Zudem ist ersichtlich, wie viele Menschen ZARA beraten hat[32] (<https://www.ots.at> Neues Monitoring-Tool zeigt, wo Österreich in Sachen ..., S. 1 ff.).

Seit der Gründung von ZARA im Jahr 1999 gingen bis zum Jahresende 2018 insgesamt 18.090 Meldungen ein. Die verhältnismäßige Couragierung zeigt, dass sich im genannten Zeitraum von beinahe zwanzig Jahren im Durchschnitt ein Drittel der Betroffenen und zwei Drittel der Zeug/innen gemeldet haben. Mit anderen Worten haben 18.090 Personen Rassismus wahrgenommen, sich zur Wehr gesetzt und Zivilcourage gezeigt (ZARA Rassismus Report 2019, S. 15).

Der Tatort „öffentlicher Raum" verlagerte sich von der Mauer ins Netz. Konkret betrafen 40 Prozent von den an ZARA gemeldeten rassistischen Vorfälle Personen im öffentlichen Raum. Aus dem Meldeverhalten kann abgeleitet werden, dass sich die Aufmerksamkeit von rassistischen Beschmierungen stark zu Hass im Netz verlagert hat. Dies bedeutet einen Trend von analogen zu digitalen Hasspostings (ZARA Rassismus Report 2019, S. 15).

Seit dem Jahr 2010 werden bei ZARA rassistische Vorfälle im Internet systematisch dokumentiert. Die Zahl der Meldungen ist im Laufe der Jahre kontinuierlich gestiegen. Insbesondere war eine starke Zunahme nach der Einrichtung der Beratungsstelle gegen Hass im Netz im Jahr 2017 zu

---

[32] ZARA ist der Ansicht, dass zur Bekämpfung von Rassismus eine Gesamtstrategie notwendig ist. Dadurch soll die Entwicklung und Umsetzung eines solchen strategischen Ansatzes gefördert werden. Neben ZARA haben auch Communities und zivilgesellschaftliche Organisationen in Österreich bereits Vorarbeit für Ziele und Maßnahmen geleistet. Diese sollten in einen „Nationalen Aktionsplan gegen Rassismus" aufgenommen werden (<https://www.ots.at> Neues Monitoring-Tool zeigt, wo Österreich in Sachen..., S. 1 ff.).

erkennen. Gleichzeitig stieg auch das Bewusstsein der Menschen, dass das Internet kein rechtsfreier Raum ist und es damit verbundene Rechtsfolgen geben kann (ZARA Rassismus Report 2019, S. 15).

7.2. ZARA-Rassismus-Report 2010

Im Jahr 2010 hat ZARA insgesamt 745 rassistische Vorfälle dokumentiert, wovon 9 Prozent das Internet betrafen. Es wurde kritisiert, dass in Österreich bis dato keine Daten zum Thema Rassismus erhoben wurden und deshalb auch keine Gegenmaßnahmen umgesetzt werden konnten. Im Vorfeld der Menschenrechtsprüfung wurden diese und weitere Kritikpunkte in einem Bericht an das UN-Hochkommissariat für Menschenrechte übermittelt (Bericht ZARA an das UN-Hochkommissariat für Menschenrechte).

Hinsichtlich der Verbreitung rassistischer Inhalte und Verhetzung im Internet betreffend, wurde aufgezeigt, dass es keine präzisen Beobachtungen gibt und dass sich die Rechtslage in Österreich dem Thema „Cyber Hate" nicht explizit annimmt. Die Verbreiter/innen verhetzender und rassistischer Inhalte würden aber zunehmend das Internet verwenden. Ein neuer Zugang zur Problematik ist deshalb notwendig, insbesondere auch, weil Provider, Softwareproduzent/innen und Textersteller/innen der Seiten oft weltweit verstreut sind (ZARA-Rassismus-Report 2010, S. 13).

ZARA weist in diesem Report u. a. auch darauf hin, dass rassistische Inhalte oder Cybermobbing, die im Internet gepostet werden, oft Auswirkungen auf das reale Leben betroffener Personen haben. Dies ist manchen Nutzer/innen aber nicht bewusst. Neue Meinungsbildner im Netz wie Online-Foren, Weblogs und soziale Netzwerke werden von Nutzer/innen grundsätzlich intensiv genutzt. Hier wird auch aggressiv und verächtlich gegen bestimmte Gruppen oder Einzelpersonen gehetzt. Einige Webseiten enthalten Inhalte, die ausländerfeindliche, antisemitische, islamophobe, nationalsozialistische Ideologien usw. propagieren (ZARA-Rassismus-Report 2010, S. 31).

Es wurde deutlich, dass rassistische Organisationen das Internet zunehmend zum Vernetzen und zur Verbreitung von rassistischen Inhalten nutzen. Insbesondere die Verbreitung von menschenverachtender Hasspropaganda in sozialen Netzwerken wie Facebook nimmt zu. Bei den gemeldeten rassistischen Äußerungen, die auf Facebook-Seiten gefunden wurden, war eine Zunahme feststellbar. Dieser Trend wurde auch vom „International Network against Cyber Hate"[33] (INACH) festgestellt (<https://www.inach.net/>; vgl. auch <https://www.soho.or.at> Rassismus Report 2010, S. 65).

Auch das „International Network against Cyber Hate" (INACH) hat Best-Practice-Modelle zur Bekämpfung von Cyber Hate entwickelt. Das sind Cyber-Hate-Workshops, Online-Beratung gegen Rechtsextremismus und das Schulprojekt „migration.macht.schule – Rassismus in Online-Diskussionsforen" (<www.soho.or.at> Rassismus Report 2010, S. 68 f.).

Im Glossar wurde Zum Thema Cyber Hate festgestellt, dass Cyber Hate das Verbreiten beleidigender, verhetzender und bedrohender Inhalte im Internet darstellt. Es wurde auch aufgezeigt, dass hierfür in letzter Zeit hier verstärkt Fotos, Videoplattformen und soziale Netzwerke missbraucht werden (<https://www.soho.or.at> Rassismus Report 2010, S. 72).

Aufgrund des ZARA-Rassismus-Reports 2010 konnte u. a. auch ein erhöhtes Rassismus- und Diskriminierungspotenzial in Österreich nachgewiesen werden. Im Internet haben laut ZARA rassistische Äußerungen bzw. Vorfälle drastisch zugenommen (<https://www.erinnern.at> themen>ZARA-Rassismus-Report 2010: Zunahme der Diskriminierung von ..., S. 1).

7.3. ZARA-Rassismus-Report 2011

Anlässlich des Tags gegen Rassismus hat ZARA den Rassismus-Report 2011 vorgestellt. Insgesamt wurden ZARA im Jahr 2011 709 rassistische Vorfälle gemeldet. Festgestellt wurde, dass Diskriminierung in Banken, Lokalen oder bei der Wohnungssuche zugenommen hat. Im Internet hat sich Rassismus sogar massiv verstärkt. Rassistische Vorfälle im Internet verzeichneten eine Zunahme von 19 Prozent – ein Plus von einem Fünftel. ZARA stellte unter anderem fest, dass „rassistische Äußerungen in der Anonymität des Internets drastisch sind". Dies betrifft sowohl Foren von Online-Medien als auch soziale Netzwerke wie Facebook usw. Zudem gibt es auch Kettenmails mit

---

[33] Im Jahr 2009 haben die Mitglieder des INACH-Netzwerks mehr als 15.000 Fälle von Online-Verhetzung und Diskriminierung erfasst. Dieser kontinuierliche Zuwachs basiert vor allem auf der Zunahme verhetzender Inhalte in sozialen Netzwerken, Videoplattformen und anderen Web-2.0-Diensten (<https://www.soho.or.at> Rassismus Report 2010, S. 65).

falschen Inhalten[34] (<https://oe1.orf.at> ZARA: Rassismus im Internet nimmt zu – oe1.ORF.at, S. 1).

7.4. ZARA-Rassismus-Report 2012

Im Jahr 2012 hat ZARA insgesamt 772 rassistische Vorfälle dokumentiert; davon betrafen 22 Prozent das Internet (ZARA-Rassismus-Report 2012, S. 15).

Bereits im Anfangsteil dieses Reports wird u. a. die Frage gestellt „Was wir tun können, um Rassismus im Netz zu bekämpfen?" In diesem Kontext wurde auch eine Initiative von ZARA ins Leben gerufen, die sich insbesondere an die Internetbetreiber richtet. Im Rahmen der Aktivitäten als Mitglied des „International Network against Cyber Hate" (INACH) 2011 wurde auch zur Unterzeichnung der „Internet Common Values Charter" aufgerufen. Diese umfasst gemeinsame Werte im Internet und ist eine Verpflichtungserklärung gegen diskriminierende und menschenfeindliche Inhalte im Netz (ZARA-Rassismus-Report 2012, S. 13; vgl. auch Kapitel „Cyber Hate", S. 52 ff.).

Im Vergleich zum Jahr 2011 sind solche Fälle um 3 Prozent gestiegen. In den vergangenen vier Jahren war eine Zunahme der Fälle in diesem Bereich um 22 Prozent zu verzeichnen – das war mehr als eine Verdoppelung. ZARA verwies auch auf untersuchte Foreneinträge und Postings in sozialen Netzwerken sowie auf Netzportale, die zeigen, wie grenzenlos im Netz beschimpft und gehetzt wird (<https://www.klagsverband.at> News-Archiv>ZARA-Rassismus-Report: Ungezügelte rassistische Beschimpfungen im Internet, S. 1).

Bei der Präsentation dieses Rassismus-Reports wies ZARA u. a. auch darauf hin, dass rassistische Inhalte im Internet konsequent beobachtet werden müssen. Für Poster/innen und Betreiber/innen von Internetseiten, die strafrechtlich relevante Inhalte verbreiten oder dies nicht unterbinden, müsse es Konsequenzen geben. Zudem sei es notwendig, dass die Gesetzgebung und die Justiz auf solche Entwicklungen im Rahmen der sich verändernden Kommunikations- und Informationsgesellschaft reagieren (<https://www.klagsverband.at> News-Archiv>ZARA-Rassismus-Report: Ungezügelte rassistische Beschimpfungen im Internet, S. 1).

---

[34] Gleichzeitig waren auch die Anzeigen im Zunehmen. Für ZARA war u. a. wesentlich, dass ein Bewusstsein notwendig ist, dass das Internet kein rechtsfreier Raum und Rassismus hier kein Kavaliersdelikt ist (<https://oe1.orf.at> ZARA: Rassismus im Internet nimmt zu – oe1.ORF.at, S. 1).

ZARA zeigt in diesem Rassismus-Report auch die Neufassung des § 283 StGB (Verhetzung) auf. Hier wurde der Verhetzungsschutz ab dem 1. Januar 2012 ausgeweitet. Ab diesem Zeitpunkt ist Verhetzung „gegen eine Kirche oder Religionsgesellschaft oder eine andere nach den Kriterien der Rasse, der Hautfarbe, der Sprache, der Religion oder der Weltanschauung, der Staatsangehörigkeit, der Abstammung oder nationalen oder ethischen Herkunft, des Geschlechts, einer Behinderung, des Alters oder der sexuellen Ausrichtung definierte Gruppe von Personen oder gegen ein Mitglied einer solchen Gruppe verboten"[35] (§ 283 StGB).

7.5. ZARA-Rassismus-Report 2013

Im Jahr 2013 wurden insgesamt 731 rassistische Vorfälle dokumentiert, das sind um 41 Vorfälle weniger als 2012. Davon entfielen 20 Prozent auf das Internet, 19 Prozent auf den „Öffentlichen Raum" und ebenfalls 19 Prozent auf den Bereich „Güter und Dienstleistungen". Nach Ansicht von ZARA nehmen Rassismus und Verhetzung im Internet zu. Es sei rechtlich sehr schwierig, gegen diskriminierende Inhalte im Internet vorzugehen (<https://www.kleinezeitung.at> politik>Rassismus-Report 2013 von ZARA vorgestellt, S. 1 f.).

In diesem Report hat ZARA u. a. aufgezeigt, dass Rassismus und Verhetzung im Internet ein großes und zunehmendes Problem darstellen. Da es rechtlich sehr schwierig ist, gegen diskriminierende Inhalte im Internet vorzugehen, wurde gefordert, dass die entsprechenden Rechtsnormen angepasst werden müssen. Von der Politik wurde u. a. auch ein „Nationaler Aktionsplan" gegen Rassismus gefordert (ZARA-Rassismus-Report 2013).

Die gegliederte Falldokumentation von ZARA zeigt, in welchen konkreten Lebensbereichen Personen von Rassismus betroffen waren und aufgrund

---

[35] Mit der Neufassung des § 283 StGB war Verhetzung in Zukunft nur noch dann verboten, wenn „für eine breite Öffentlichkeit wahrnehmbar" gegen eine Gruppe gehetzt wurde. Verhetzung in einem kleineren Rahmen oder bei einer geschlossenen Veranstaltung blieb straffrei. Der Tatbestand war auch nicht erfüllt, wenn gegen eine einzelne Person wegen eines geschützten Merkmals gehetzt wurde; es musste die gesamte Gruppe angesprochen sein. Das die Menschenwürde verletzende Beschimpfen einer geschützten Gruppe war nur dann strafbar, wenn der Vorsatz nachweisbar war, die Gruppe verächtlich machen zu wollen (§ 283 StGB).

welcher Merkmale sie abgewertet, ausgeschlossen und angegriffen wurden. Hier ist eine hohe Ausländerfeindlichkeit feststellbar.

7.6. ZARA-Rassismus-Report 2014

Im Jahr 2014 gingen bei ZARA insgesamt 794 Meldungen ein, davon 31 Prozent direkt von Rassismus betroffenen Personen. 52 Prozent wurden von Zeug/innen gemeldet und 17 Prozent der Meldungen betrafen das Internet bzw. Rassismus im Netz. Diese Meldungen erfolgten durch das (unregelmäßige) (Medien-)Monitoring. Für ein umfassendes Monitoring fehlten ZARA damals die notwendigen Ressourcen, weswegen man auf die Meldungen aus der Zivilgesellschaft angewiesen war (ZARA-Rassismus-Report 2014, S. 1 ff.).

Der ZARA-Rassismus-Report 2014 zeigt u. a. auf, dass gruppenspezifischer Rassismus auf dem Vormarsch ist. Das betraf auch Rassismus in digitalen Medien. Besonders auffallend war, dass bestimmte Personengruppen unter Generalverdacht gestellt wurden (<https://www.erinnern.at> ZARA-Rassismus-Report 2014: Gruppenspezifischer Rassismus auf …, S. 1 ff.).

Rassistische Vorfälle im Internet wurden von ZARA hauptsächlich auf Webseiten, in Online-Foren, in sozialen Netzwerken, in Blogs und in Kettenmails festgestellt. Unter dem Deckmantel der vermeintlichen Anonymität werden dort hetzerische und andere diskriminierende Inhalte verfasst und verbreitet. Besonders gefährlich sind Falschmeldungen und Halbwahrheiten, die über das Internet verbreitet werden. Sie können unreflektiert mit einem Klick übernommen und weitergeleitet werden. Dadurch verhärten sich nicht nur bereits bestehende Ressentiments, sondern es werden auch neue Anhänger/innen erreicht. Rassistische bzw. verhetzende Inhalte im Internet fördern deshalb verstärkt rassistische Sichtweisen (ZARA-Rassismus-Report 2014. Einzelfall-Bericht über rassistische Übergriffe und Strukturen in Österreich, S. 20).

ZARA geht in diesem Report auch auf den „Internationalen Tag gegen Rassismus" am 21. März 2014 ein. Dieser Tag erinnert an das „Massaker von Sharpeville" in Südafrika im Jahr 1960, bei dem friedliche demonstrierende schwarze Menschen erschossen wurden. Am 26. Oktober 1966 erklärten die Vereinten Nationen (UNO) den 21. März zum „Internationalen Tag gegen Rassismus". An diesem Tag werden die Opfer von Sharpeville geehrt und weltweit gegen Rassismus mobilisiert, nunmehr auch gegen Rassismus im Internet. Zudem wurden auch bereits drei Weltkonferenzen gegen Rassismus (1978, 1983 und 2001) durchgeführt[36] (Vereinte Nationen (UNO), „International Day for the Elimination of Racial Discrimination"). ZARA verweist in diesem Report auch auf die NGO-Plattform-Meeting der „Fundamental Rights Agency" (April 2014). Bei diesem NGO-Plattform-Meeting hat ZARA in einem Workshop unter dem Titel „the un-social media – facts, figures and activities to counter cyber hate" Phänomene, Tendenzen und Gegenmaßnahmen zum Thema „Cyber Hate – Hass im Netz" präsentiert. Anschließend hat ZARA Training dieses Workshopangebot zum Thema „Cyber Hate" näher vorgestellt (<https://www.rd-foundation-vienna. org> ZARA wird 15! – Wien, S. 7).

7.7. ZARA-Rassismus-Report 2015

Im Jahr 2015 hat ZARA insgesamt 927 rassistische Vorfälle dokumentiert. Davon betrafen 20 Prozent das Internet (ZARA-Rassismus-Report 2015, S. 8). Rassistische Vorfälle im Internet betreffend zeigt ZARA im Report 2015 u. a. auch mögliche rechtliche Schritte gegen Hassposter auf. In einem gemeldeten Fallbeispiel sah ZARA den Tatbestand der Verhetzung als erfüllt an und leitete den Fall an die NS-Meldestelle zur strafrechtlichen Überprüfung[37] weiter (ZARA-Rassismus-Report 2015, S. 15).

ZARA erläutert in diesem Report auch die Anwendbarkeit des österreichischen Strafrechts (Grundsatz der §§ 62 i. V. m. 67 StGB). Demnach ist österreichisches Strafrecht anzuwenden, „wenn der/die Täterin im Inland handelt, der Erfolg (also das Ergebnis der Tat im Inland eintritt oder der Erfolg nach der Vorstellung des Täters/der Täterin im Inland hätte eintreten sollen". Dies gilt grundsätzlich auch für im Internet begangene Straftaten. Die Strafverfolgung wird jedoch erschwert, wenn sich der Server der konkreten

---

[36] Bereits 1965 wurde der Generalversammlung der Vereinten Nationen eine „Internationale Konvention zur Überwindung von Rassismus" vorgelegt. Diese trat 1969 in Kraft. In dieser UN-Konvention verpflichten sich die Vertragsstaaten unter anderem, „rassistische Propaganda" zu verbieten. Angesichts der aktuellen Debatte über die Verbreitung von „Hass und Rassismus im Internet" sowie in sozialen Netzwerken ist diese Konvention hochaktuell (Internationale Konvention zur Überwindung von Rassismus).

[37] In der damaligen Rechtsprechung wurde „Hetze" als „eine in einem Appell an Gefühle und Leidenschaften bestehende tendenziöse Aufreizung zum Hass und zur Verachtung" definiert (OGH 28. Januar 1998, 15 Os 203/98).

Webseite oder der Täter bzw. die Täterin im Ausland befindet[38] (ZARA-Rassismus-Report 2015, S. 15).

Durch die Strafrechtsnovelle 2015 wurde u. a. der Straftatbestand der Verhetzung neu definiert, was auch in der vorliegenden Arbeit aufgezeigt wird. Mit dem sogenannten „Strafrechtsänderungsgesetz 2015" (BGBl. I Nr. 112/2015) wurden u. a. das Strafgesetzbuch und die Strafprozessordnung 1975 geändert.

Im Kontext von Rassismus bzw. Rassismus im Internet ist hier beispielsweise der Tatbestand der Verhetzung (§ 283 StGB) sehr relevant. Diese Norm steht in Konkurrenz zum Verbotsgesetz, das nationalsozialistische Taten unter Strafe stellt. Sie ist diesem gegenüber subsidiär anwendbar. Dies wurde auch in dem Report von ZARA dargestellt[39] (ZARA-Rassismus-Report 2015, S. 15).

Die Darstellung dieser Rechtssituation durch ZARA ist grundsätzlich sehr wichtig. Ein wesentliches Ergebnis des ZARA-Rassismus-Reports 2015 ist es u. a. auch, dass Rassismus in Österreich eine neue Dimension erreicht hat. Besonders negativ war der Trend im Internet. Dort kam es zu rassistischen Vorfällen bzw. Diskriminierungen auf Webseiten, in Online-Foren, in sozialen Netzwerken, in Blogs und in Kettenmails. Unter dem Deckmantel der vermeintlichen Anonymität wurden relativ oft hetzerische oder abwertende Inhalte verfasst und über das Internet verbreitet. Hier war auch das Posten

---

[38] ZARA weist im Report u. a. darauf hin, dass Täter/innen fälschlicherweise oft davon ausgehen, dass sämtliche verhetzende und die Menschenwürde anderer verletzende Kommentare als Ausübung der Meinungsfreiheit ausnahmslos erlaubt sind. Das österreichische Recht sieht – in Übereinstimmung mit relevanten internationalen rechtlichen Regelungen zum Schutz der Menschenrechte – Ausnahmen vom Grundsatz der Meinungsfreiheit vor. Dies ist der Fall, wenn es nicht mehr um Meinung, sondern um Verhetzung oder um Verstöße gegen das Verbotsgesetz geht (ZARA-Rassismus-Report 2015, S. 15).

[39] Den betroffenen Personen wird auch aufgezeigt, dass sie sich diese direkt an die Meldestelle für NS-Wiederbetätigung des Bundesministeriums des Innern wenden können. Solche Meldungen werden aber auch direkt von ZARA übernommen. In der Praxis ist die Entfernung hetzerischer Kommentare im Internet von wesentlicher Bedeutung. ZARA kontaktiert in solchen Fällen grundsätzlich die Betreiber/innen relevanter Internetseiten und weist auf die strafrechtliche Relevanz der Einträge hin. Die Betreiber/innen sind dann zur Löschung verpflichtet. Wenn aber die verhetzenden oder den Tatbestand der Wiederbetätigung erfüllenden Inhalte aber wissentlich weiterhin abrufbar sind, können auch die Betreiber/innen strafrechtlich verfolgt werden (ZARA-Rassismus-Report 2015, S. 15).

erfundener Geschichten festzustellen. Das Problem dabei ist, dass solche Inhalte häufig bereits eine große Breitenwirkung erreichen, bevor sie richtig-gestellt werden[40] (<https://www.derstandard.at> ZARA-Report: Rassismus im Internet nahm 2015 deutlich zu, S. 1 f.; APA, 21. März 2016).

7.8. ZARA-Rassismus-Report 2016

Im Jahr 2016 hat ZARA insgesamt 1.107 rassistische Vorfälle dokumentiert. 31 Prozent der Fälle davon betrafen das Internet (ZARA-Rassismus-Report 2016, S. 8).

Mit diesem Report stellte ZARA gleichzeitig die neue Broschüre „CounterACT!-Aktiv gegen Hass und Hetze im Netz" vor. Ihr Inhalt richtet sich insbesondere an Jugendliche und junge Erwachsene, die im Internet und speziell in sozialen Netzwerken aktiv sind. Anhand konkreter Beispiele wird aufgezeigt, was Nutzer/innen selbst gegen bedenkliche Inhalte unternehmen können[41] (<https://cba.media> ZARA präsentiert Rassismus-Report 2016 und CounterACT!-Aktiv..., S. 1).

In diesem Report wird u. a. auch das kontrovers diskutierte Thema Zensur und Hass im Netz beleuchtet. Zudem wird das Thema Sprache und Gewalt behandelt, wobei auch die Flexibilität der Sprache erörtert wird. D. h., dass sich Sprache, insbesondere Bedeutungen und Konnotationen, mit der Zeit ändert. Dies erfolgt über die Zeit, den Raum und über Kulturen hinweg. Es ist daher notwendig, bei der Wahl der Wörter bzw. bei der Formulierung von Sätzen flexibel, lern- und anpassungsfähig zu bleiben. Dies ist zur Vermeidung von Diskriminierungen, insbesondere im Internet, äußerst wichtig. Die Bedeutung von Sprache als Ausdruck einer antirassistischen Grundhaltung bzw. der Zusammenhang zwischen Sprache und

---

[40] Falschmeldungen, die über das Netz verbreitet werden, gelten als besonders gefährlich. Das wurde damit begründet, dass sie oft ohne Überprüfung übernommen und weitergeleitet werden. Dadurch tragen sie erheblich zur Konstruktion und Weiterverbreitung von Feindbildern, Stereotypen und rassistischen Inhalten bei (<https://www.erinnern.at> themen>ZARA-Rassismus-Report 2015, S. 1).

[41] Die Broschüre ergänzte die Online-Plattform „CounterACT!". Hier werden Informationen, Tools und Handlungsanleitungen bereitgestellt, um effektiv gegen Hass und Hetze im Internet vorgehen zu können (<https://cba.media> ZARA präsentiert Rassismus-Report 2016 und CounterACT!-Aktiv..., S. 1).

Diskriminierung werden hier klar dargestellt (ZARA-Rassismus-Report 2016 S. 40 ff.).

7.9. ZARA-Rassismus-Report 2017

Im Jahr 2017 hat ZARA insgesamt 1.162 rassistische Vorfälle dokumentiert. Im Vergleich zum Vorjahr ist erneut eine Steigerung zu verzeichnen, die wie bereits 2016 durch die hohe Präsenz von Hass und Hetze im Internet zu begründen ist. Die Zahl der gemeldeten Hasspostings stieg kontinuierlich an und umfasste 2017 44 Prozent aller dokumentierten Fälle (ZARA-Rassismus-Report 2017, S. 6).

Nach Ansicht von ZARA hat die eigens für diesen Bereich errichtete Beratungsstelle „Gegen Hass im Netz", die im Auftrag des Bundeskanzleramtes betrieben wird, zu vermehrten Meldungen von Hass und Hetze im Netz geführt. Für die hohe Anzahl dokumentierter Online-Fälle war neben den Meldungen von Nutzer/innen und betroffener Personen auch wesentlich, dass ZARA bereits zum wiederholten Mal an der von der Europäischen Union initiierten Überprüfung der Löschpraktiken illegaler Online-Inhalte von IT-Unternehmen teilgenommen hat[42] (ZARA Rassismus Report 2017, S. 6).

Die Merkmale, aufgrund derer Personen im Internet diskriminiert werden, sind laut ZARA im gesamten EU-Raum ähnliches. Das heißt, Hass und Hetze im Netz richten sich vor allem gegen Geflüchtete, Personen fremder Herkunft oder „anderer ethnischer Zugehörigkeit". Dieses Ergebnis deckt sich auch mit der vergleichenden Analyse von Hassinhalten in sozialen Netzwerken. ZARA hat diese Analyse im Rahmen des EU-Projekts „Research-Report-Remove: Countering Cyber Hate Phenomena" über einen Zeitraum von zwei Jahren durchgeführt. Die im Rahmen dieses Projekts sichtbare gruppenbasierte Menschenfeindlichkeit umfasst direkte Aufrufe zu Gewalt, Beleidigungen und Herabwürdigungen bis hin zu Fake News und Lügen („Research-Report-Remove: Countering Cyber Hate Phenomena").

---

[42] Hier hat ZARA im Frühjahr 2017 und auch im vergangenen Winter mehrere Wochen lang gezielt nach illegalen Online-Inhalten auf Facebook, Twitter und YouTube recherchiert und die IT-Unternehmen um Entfernung angesucht. Im Vergleich zu 2016 war eine deutliche Verbesserung festzustellen. Konkret konnte für Österreich während des letzten Monitorings im Winter 2017 eine Löschrate von 73 Prozent erreicht werden. Im EU-Durchschnitt wurden 70 Prozent der gemeldeten Hasspostings entfernt (<http://www.rd-foundation-vienna.org> Rassismus Report 2017, S. 6).

Zum Thema Online Hass und Hetze zeigt ZARA u. a. auf, dass Hass im Netz ein ernst zu nehmendes Problem im Bereich der digitalen Kommunikation darstellt. Seit dem Jahr 2010 dokumentiert ZARA Hasspostings mit rassistischen Inhalten und zeigt hier einen stetigen Anstieg auf. Erst ab dem Jahr 2016 rückte diese Tatsache jedoch in den Fokus der öffentlichen Aufmerksamkeit[43] (ZARA-Rassismus-Report 2017, S. 37).

7.10. ZARA-Rassismus-Report 2018

Dem „ZARA-Rassismus-Report 2018" zufolge hat die Zahl der Hasspostings und Hetze auf Internetportalen zugenommen. Beispielsweise betrafen von 1.920 untersuchten rassistischen Vorfällen 1.164 das Internet. Das entspricht etwa 60 Prozent aller gemeldeten Vorfälle[44] (ZARA-Rassismus-Report 2018, S. 12).

Dies umfasst eine Bandbreite von Hasskommentaren, wie etwa rassistische und wiederbetätigende Postings auf Facebook, bis hin zum ungewollten Hochladen und Verbreiten von Nacktfotos ohne Zustimmung der betroffenen Person sowie Cyberstalking, also Hassnachrichten mit Gewaltandrohung (Öffentliche Sicherheit 5–6/22, S. 1).

Nach Ansicht von ZARA erfordert die Bekämpfung von Rassismus eine Gesamtstrategie. Hier soll vor allem die Entwicklung und Umsetzung eines strategischen Ansatzes gefördert werden. Neben ZARA haben auch Communities und zivilgesellschaftliche Organisationen auf Grundlage ihrer Erfahrungen in der Antirassismusarbeit und auf Basis systematischer Analysen bereits viel Vorarbeit für Ziele und Maßnahmen geleistet. Struktureller Rassismus ist in vielen Bereichen unserer Gesellschaft vorhanden. Ein Nationaler Aktionsplan gegen Rassismus wäre u. a. daher sehr

---

[43] Eine Folge war es, dass sich Betroffene zunehmend zu Wort meldeten. Dazu zählen auch Frauen des öffentlichen Lebens, die regelmäßig mit „Mord-und sexualisierten Gewaltandrohungen" von „Hatern" konfrontiert wurden (ZARA-Rassismus-Report 2017, S. 37).

[44] Seit dem Jahr 2001 fordert ZARA von der österreichischen Bundesregierung auch einen „Nationalen Aktionsplan gegen Rassismus". Dieser soll Maßnahmen enthalten, die Rassismus auf struktureller und institutioneller Ebene bekämpfen (<https://volksanwaltschaft.gv.at> Neues Monitoring-Tool zeigt, wo Österreich in Sachen …, S. 1 ff.).

wesentlich[45] (<https://volksanwaltschaft.gv.at> Neues Monitoring-Tool zeigt, wo Österreich in Sachen ..., S. 1 ff.).

7.11. ZARA-Rassismus-Report 2019

Der ZARA-Rassismus-Report 2019 war bereits der zwanzigste Report. Im Jahr 2019 hat ZARA insgesamt 1.950 rassistische Vorfälle bearbeitet. Rassismus im Internet betraf dabei bereits drei von fünf gemeldeten Fällen, was einem Anteil von 87 Prozent entspricht. Strafrechtlich relevant bzw. verfolgbar war mehr als jeder dritte gemeldete Fall von Rassismus im Netz (ZARA-Rassismus-Report 2019, S. 13).

In diesem Rassismus-Report zeigt ZARA unter der Überschrift „Die eigenen Rechte kennen" u. a. auf, dass „verhetzende und die Menschenwürde verletzende Kommentare auch im Internet nicht erlaubt sind". Das Internet sei kein rechtsfreier Raum. Das bedeutet: „Wer annimmt, dass verhetzende und die Menschenwürde verletzende Kommentare als Ausübung der Meinungsfreiheit erlaubt sind irrt". Wesentlich ist hier, dass das österreichische Recht Ausnahmen vom „Grundsatz der Meinungsfreiheit" vorsieht, wenn es sich nicht mehr um Meinung, sondern beispielsweise um Verhetzung (§ 283 StGB) oder um Verstöße gegen das Verbotsgesetz handelt[46] (ZARA-Rassismus-Report 2019, S. 48).

In Österreich umfasst die Meinungs- und Kommunikationsfreiheit mehrere miteinander verwobenen Rechtsnormen im Verfassungsrang. Einschränkungen der Meinungsfreiheit gelten nur bei Äußerungen, die gegen

---

[45] Die Erarbeitung eines „Nationalen Aktionsplans Menschenrechte in Österreich" sowie einer „ganzheitlichen Strategie zur Verhütung und Bekämpfung aller Formen von Rassismus, Fremdenfeindlichkeit, Radikalisierung und gewaltbereitem Extremismus" wurde in Österreich für die XXVII. Regierungsperiode vorgesehen. Das sollte u. a. konkrete Fortschritte in diesem Bereich bringen (Parlament Österreich. Nationaler Aktionsplan gegen Rassismus und Diskriminierung (2751/AB)).

[46] Die Meinungs-und Versammlungsfreiheit ist eine wesentliche Grundlage jeder Demokratie. Auch in Österreich wurde lange Zeit dafür gekämpft. Die Meinungsfreiheit ist eine Grundlage, auf welche weitere Grundrechte aufgebaut sind, beispielsweise die Informations-und Pressefreiheit. Die Meinungsfreiheit ist in Österreich in der Verfassung festgeschrieben; sie ist auch ein wichtiger Teil der Allgemeinen Erklärung der Menschenrechte (StGBl. Nr. 3/1918. Staatsgrundgesetz über die allgemeinen Rechte der Staatsbürger, Art. 13; BGBl. Nr. 210/1958. Europäische Menschenrechtskonvention (EMRK), Art. 10).

grundlegende Werte der Menschenrechtskonvention oder der Verfassung verstoßen (Berka 1990, S. 35 ff.; vgl. auch Fessler 1991, S. 143 f.).

7.12. ZARA-Rassismus-Report 2020

Im Jahr 2020 hat ZARA insgesamt 3.039 Meldungen von Rassismus dokumentiert und bearbeitet. Das waren 1.089 Meldungen mehr als im Vorjahr. Eine massive Zunahme von Rassismus im Internet war feststellbar: Konkret waren 71 Prozent der 3.039 rassistischen Vorfälle im Internet zu verzeichnen (ZARA-Rassismus-Report 2020, Ausgabe März 2021, S. 12).

Der ZARA-Rassismus-Report 2020 präsentiert einen Bericht aus dem Krisenjahr, das rassistische Strukturen in Österreich stärker als je zuvor aufgezeigt hat. Der Schwerpunkt lag auf der auch in Österreich präsenten Bewegung „Black Lives Matter". ZARA hebt hervor, dass sich in Österreich ein gesteigertes Bewusstsein für Rassismus zeigte, was sich insbesondere auch in einem deutlichen Anstieg von Meldungen zu Rassismus im Internet niederschlug. Beispielsweise gingen diesbezüglich im Juni 2020 bei der Beratungsstelle mehr als 400 Meldungen von Rassismus ein. Das waren erheblich mehr als in vielen Jahren zuvor (ZARA-Rassismus-Report 2020, Ausgabe März 2021, S. 12).

Als Meilenstein in der Rassismusarbeit von ZARA sind einige gesetzliche Änderungen im Rahmen des Gesetzespakets gegen Hass im Netz zu sehen. Im Laufe des Gesetzgebungsprozesses konnte ZARA seine Erfahrungen im Kontext der Arbeit mit von rassistischem Hass betroffenen Personen erfolgreich einbringen. Erstmals wurden wesentliche Forderungen von ZARA in Gesetzen verankert. Das betraf u. a. auch den Tatbestand der Verhetzung. Für von Hass im Netz betroffene Personen war nun eine Prozessbegleitung vorgesehen, die 2021 in einer Zusammenarbeit von ZARA mit dem WEISSEN RING umgesetzt wurde. Laut ZARA müssen diese neuen gesetzlichen Möglichkeiten bekannt gemacht und in Präventionsarbeit investiert werden, um Hass im Netz effektiv bekämpfen zu können, so ZARA (Rassismus-Report 2020, Ausgabe März 2021, S. 13).

7.13. ZARA-Rassismus-Report 2021

Im Jahr 2021, das war bereits der 22. Rassismus-Report, hat ZARA insgesamt 1.977 Meldungen von Rassismus dokumentiert und bearbeitet. Rassismus im Internet umfasste hier 1.117 gemeldete Fälle. Das heißt, Online-Rassismus betraf mehr als die Hälfte (56 Prozent) aller Meldungen[47] (ZARA-Rassismus-Report 2021, S. 8).

Es wurde aufgezeigt, dass Rassismus in Österreich für viele Personen in beinahe allen Bereichen des Lebens relevant sein kann. Auch Personen, die selbst nicht direkt von Rassismus betroffen sind, erfahren von Rassismus und Diskriminierung, insbesondere durch die Medien. Im Internet wird die Omnipräsenz von Rassismus besonders deutlich sichtbar (Zeilner 2024).

Seit 2021 besteht die Möglichkeit, dass ZARA von Online-Verhetzung betroffene Personen – auch gemeinsam mit ausgewählten Rechtsanwält/innen – unentgeltlich bei Gerichtsverfahren begleitet und unterstützt. Für eine Meldung oder Anzeige ist es wesentlich, einen Screenshot des (rechts-)relevanten Posting zu fixieren,[48] auf dem Datum, Uhrzeit und Kontext des Postings zu sehen sind (ZARA-Rassismus-Report 2021, S. 36).

7.14. ZARA-Rassismus-Report 2022

Im Jahr 2022 hat ZARA bzw. der Beratungsstelle gegen Rassismus insgesamt 1.479 Meldungen bearbeitet und dokumentiert. Der Schwerpunkt dieses Rassismus-Reports lag im Bereich Dienstleistungen. Ziel war es, das Bewusstsein dafür zu schaffen, dass auch im Kontext von Dienstleistungen Rassismus systemisch auftritt. Es wurde u. a. festgestellt, dass rassistische Diskriminierungen sowohl offline als auch online erfolgen. 68 Prozent erfolgten im Jahr 2022 online und 32 Prozent offline (ZARA-Rassismus-Report 2022, S. 8).

Konkret wurden im Jahr 2022 bei ZARA 999 Fälle im Lebensbereich Internet gemeldet, darunter Online-Medien, Webseiten, Online-Foren, Social-Media-Plattformen, Video-Plattformen und Blogs, (ZARA-Rassismus-Report 2022, S. 34).

---

[47] Zu den Vorfällen im Internet zählen Online-Medien, Webseiten, Online-Foren, Social-Media-und Video-Plattformen sowie Blogs (ZARA-Rassismus-Report 2021, S. 36).

[48] Im „Glossar" thematisiert ZARA in diesem Bericht u. a. auch das Instrument der „Gegenrede" und stellt Strategien vor, um „Hass im Netz" aktiv entgegenzuwirken. Beispielsweise könne man mit Fakten, Humor oder einer Frage reagieren, um die Situation zu beruhigen. Nach Ansicht von ZARA macht es für von Hass im Netz Betroffene einen großen Unterschied, ob eine Gegenrede erfolgt oder nicht. Dies könne auch „stille Mitlesende" dazu motivieren, aktiv gegen Hass im Netz aufzutreten (ZARA-Rassismus-Report 2021, S. 66).

In diesem Kontext zeigt ZARA u. a. auf, dass „schwallartige rassistische Entgleisungen" auf einem Nachrichtenportal innerhalb eines Monats festgestellt wurden. Hier wurden fast 800 Kommentare veröffentlicht, von denen sehr viele extrem rassistisch waren und deshalb auf ihre mögliche strafrechtliche Relevanz geprüft wurden. ZARA formulierte hierzu auch Sachverhaltsdarstellungen und leitete diese an die Staatsanwaltschaft weiter[49] (ZARA-Rassismus-Report 2022, S. 34).

Seit Beginn der Corona-Pandemie in Österreich (25. Februar 2020) gingen bei ZARA zunehmend Meldungen ein, welche als antisemitisch oder als Verharmlosung von NS-Verbrechen angesehen wurden. Solche Beiträge werden von ZARA grundsätzlich an die NS-Meldestelle weitergeleitet. Rassistische Darstellungen erfolgten auch auf Verkaufsplattformen. Dabei wurden rassistische Stereotype bedient. Nach einem Interventionsschreiben von ZARA wurden solche Beiträge bzw. relevante Bilder von den betroffenen Plattformen in der Regel entfernt (ZARA-Rassismus-Report 2022, S. 35).

Es kann festgestellt werden, dass im Jahr 2022 weniger Meldungen als in den Jahren 2020 und 2021 eingegangen sind. Der Anteil direkt betroffener Personen unter den Meldenden hat sich erhöht, während der Anteil von Zeug/innenmeldungen zurückgegangen ist. Dieser Anteil umfasste damals 24 Prozent (ZARA-Rassismus-Report 2022, S. 6).

Der ZARA-Rassismus-Report 2022 stand auch im Zusammenhang mit dem „Jahr der Menschenrechte" und des „Internationalen Tages gegen Rassismus". Erstmals fand auch die Konferenz „War das rassistisch?" im Wiener Rathaus statt (<https://ksa.univie.ac.at> War das rassistisch?, S. 1 ff.).

Im ZARA-Rassismus-Report 2022 wurde auch die Veröffentlichung des „Hate-Crime-Jahresberichts 2021" durch das Bundesministerium für Inneres als sehr positive Entwicklung gesehen. Dieser beinhaltet Daten zu vorurteilsmotivierten Straftaten, „die aufgrund der tatsächlichen oder vermeintlichen Zugehörigkeit des Opfers oder des Tatobjekts zu einer Gruppe, welche die Täter/innen ablehnen, vorsätzlich begangen" und von der Polizei registriert wurden. Im Jahr 2022 wurden insgesamt 5.464 vorurteilsmotivierte Straftaten erfasst, die Aufklärungsquote durch die Polizei lag bei 68,8 Prozent

---

[49] ZARA meldet zudem rassistische Postings bei Social-Media-Plattformen als „Trusted Flagger". Solche Postings sollten dann schnell von der jeweiligen Social-Media-Plattform entfernt werden (ZARA Rassismus-Report 2022, S. 34).

(Bundesministerium für Inneres. Hasskriminalität, Hate Crime-Jahresbericht 2021).

7.15. ZARA-Rassismus-Report 2023

Im Jahr 2023 gingen bei ZARA 1.302 Meldungen über rassistische Vorfälle ein. Im Jahr 2022 waren es 1.479 Meldungen. Der Rückgang wurde von ZARA nicht begründet. Es wurde jedoch aufgezeigt, dass in Österreich von einer weitaus höheren Dunkelziffer auszugehen ist (<https://k.at> news>Rassismus-Report 2023 in Österreich: 1.302 Fälle gemeldet-k.at, S. 1).

Von den 1.302 Meldungen im Jahr 2023, umfassten 58 Prozent Rassismus im Internet. Laut ZARA gibt es jedoch nur einen fließenden Übergang von Rassismus im Internet zu rassistischen Übergriffen im analogen Bereich (<https://k.at> news>Rassismus-Report 2023 in Österreich: 1.302 Fälle gemeldet-k.at, S. 1 f.).

Im Rassismus-Report 2023 richtete ZARA u. a. einen Schwerpunkt auf den „Nationalen Aktionsplan gegen Rassismus". Dieser Aktionsplan enthält klar formulierte Forderungen an den Bereich Politik, insbesondere um strukturellen und institutionellen Rassismus aufzubrechen. Laut dem aktuellen Sozialminister wird dieser Nationale Aktionsplan in der laufenden Legislaturperiode (2019–2024, Art. 27 Bundes-Verfassungsgesetz), aber nicht mehr umgesetzt (<https://k.at> news>Rassismus-Report 2023 in Österreich: 1.302 Fälle gemeldet-k.at, S. 1).

Rassismus in Österreich im Kontext des internationalen, europäischen und nationalen Rechts

1. Internationale und europäische Ebene (Auswahl)

Die Analyse der ZARA-Rassismus-Reports aus dem Zeitraum von 2010 bis 2023 zeigt auch die Bedeutung von Rechtsnormen, insbesondere jene des österreichischen Strafrechts, auf. Für das Verständnis von Rassismus, insbesondere von Rassismus im Internet, sind Kenntnisse von relevanter Rechtsnormen jedenfalls wesentlich. Vor allem im Bildungsbereich in Österreich können hier diesbezügliche Grundlagen vermittelt werden. Besonders geeignet sind die Unterrichtsfächer „Politische Bildung und Recht" und „Geschichte und politische Bildung" sind dazu besonders geeignet, zudem auch das Unterrichtsprinzip Politische Bildung. Rechtskenntnisse sind auch für die Präventionsarbeit gegen Rassismus wichtig. Neben nationalen Normen wie Verfassungsgesetzen und einfachen Gesetzen sind auch internationale und europäische Normen relevant. Die Untersuchung von Rassismus und Diskriminierung im Internet bzw. in (digitalen) Medien muss auch in diesem Kontext erfolgen (Zeilner 2024).

1.1. Internationale Ebene

Auf internationaler Ebene sind die folgenden Normen bzw. Regelungen von wesentlicher Bedeutung:

1.1.1. „Die allgemeine Erklärung der Menschenrechte" (AEMR) der Vereinten Nationen (UNO)

Die „Gleichheit aller Menschen an Würde und Rechten" ist eines der fundamentalsten menschenrechtlichen Prinzipien. Dies ist in „Artikel 1 der

Allgemeinen Erklärung der Menschenrechte" festgeschrieben. Dieser Artikel normiert: „Alle Menschen sind frei und gleich an Würde und Rechten geboren. Sie sind mit Vernunft und Gewissen begabt und sollen einander im Geiste der Brüderlichkeit begegnen" (Vereinte Nationen, Generalversammlung. A/RES/217 A (III). Verteilung: Allgemein 10. Dezember 1948).

In „Artikel 2 der Allgemeinen Erklärung der Menschenrechte" ist das Diskriminierungsverbot festgeschrieben. Es untersagt jede Diskriminierung aufgrund von Rasse, Hautfarbe, Geschlechts, Sprache, Religion, politischer oder sonstiger Anschauung, nationaler oder sozialer Herkunft, Vermögen, Geburt oder sonstigem Stand. Bei der Anwendung der in dieser Erklärung bzw. in Art. 2 festgeschriebenen Menschenrechte darf kein Unterschied zwischen Gruppen von Menschen bestehen. Es darf u. a. nicht nach Rasse unterschieden werden. Die Staaten sind verpflichtet, „alle Minderheiten gegen jegliche Form der Diskriminierung zu schützen"[50] (Vereinte Nationen, Generalversammlung. A/RES/217 A (III). Verteilung: Allgemein 10. Dezember 1948).

Die „Allgemeine Erklärung der Menschenrechte" umfasst eine Vielzahl von Rechten, die jedem Menschen zustehen – unabhängig davon in welchem Staat er lebt. Das Dokument wurde lange Zeit als Erklärung rechtlich nicht als bindend angesehen. Es war jedoch für den weiteren Prozess der Menschenrechtskodifizierung von großer Bedeutung. Heute wird der Inhalt der AEMR als Gewohnheitsrecht betrachtet, d. h. als ein Grund- bzw. Mindeststandard, der von allen akzeptiert und nicht infrage gestellt werden soll (<https://www.amnesty.at> Die Allgemeine Erklärung der Menschenrechte (AEMR), S. 1).

---

[50] Das „Diskriminierungsverbot" ist auch ein zentrales Prinzip der „Gründungsverträge der Europäischen Union" und der „Charta der Grundrechte der Europäischen Union". „Artikel 14 der Europäischen Menschenrechtskonvention" enthält ebenfalls ein „Diskriminierungsverbot". Von wesentlicher Bedeutung ist auch das „UN-Übereinkommen zur Beseitigung jeder Form von Rassendiskriminierung (CERD) von 1965" (<https://www. bmeia.gv.at> Kampf gegen Rassismus und Diskriminierung, S. 1).

1.1.2. Das „UN-Übereinkommen zur Beseitigung jeder Form von Rassendiskriminierung (ICERD)

Das „UN-Übereinkommen zur Beseitigung jeder Form von Rassendiskriminierung" (ICERD) verpflichtet auf Grundlage des Gleichheitsprinzips aller Menschen die Benachteiligung von Menschen aufgrund ihrer Hautfarbe oder ihrer ethnischen Herkunft mit konkreten Maßnahmen zu bekämpfen. Das UN-Übereinkommen besteht seit 1965; auch Österreich ist hier Vertragspartei[51] (UN-Übereinkommen zur Beseitigung jeder Form von Rassendiskriminierung).

Der „UN-Ausschuss für die Beseitigung der Rassendiskriminierung" (Committee on the Elimination of Racial Discrimination, CERD) ist ein „von den Vereinten Nationen eingesetztes Kontrollorgan, welches die Umsetzung und Einhaltung des Internationalen Übereinkommens zur Beseitigung jeder Form von Rassendiskriminierung (ICERD) durch die Vertragsstaaten überwacht". Der Ausschuss kann den Vertragsstaaten Empfehlungen geben, wie sie die Umsetzung des Vertrages verbessern können (Committee on the Elimination of Racial Discrimination, CERD).

Beispiel: Die Überprüfung Österreichs 2012

Österreich wurde am 22. und 23. August 2012 überprüft. Unter anderem gaben der Klagsverband, „Amnesty International" und die Volksanwaltschaft einen Schattenbericht ab. Der Klagsverband sah bei konkreten Themen Handlungsbedarf und formulierte:

---

[51] Österreich hat die UN-Konvention ICERD im Jahr 1972 unter Vorbehalt ratifiziert. Österreich hat hier keinen „völkerrechtlichen Vorbehalt" abgegeben, jedoch einen „innerstaatlichen Erfüllungsvorbehalt" (Art. 50 Abs. 2 B-VG). D. h., ICERD ist nicht unmittelbar anwendbar. Der zuständige österreichische Gesetzgeber hat ICERD aber durch verschiedene innerstaatliche Gesetze in die nationale Rechtsordnung transformiert. Wesentlich ist hierbei eine regelmäßige Überprüfung durch das ICERD-Komitee der Vereinten Nationen (UNO). Die UNO-Mitgliedstaaten geben im Kontext dieser Überprüfung auch einen „Tätigkeitsbericht" ab. NGOs können ihre Sichtweise in Form von „Schattenberichten" einbringen. Die letzte Staatenprüfung Österreichs fand während der 81. Sitzung von CERD im August 2012 statt (Committee on the Elimination of Racial Discrimination, CERD).

- „Die Vorbehalte zu CERD sollten aufgehoben werden".
- „Österreich sollte – gemäß seiner Verpflichtung im Rahmen der Antirassismus-Konferenz in Durban 2001 – einen eigenständigen Nationalen Aktionsplan (NAP) gegen Rassismus erlassen. Dieser wurde nach ersten Anläufen in den NAP Integration übernommen, wo sich allerdings nur punktuelle und wenig konkrete Erklärungen finden, wie die Republik Österreich gegen Rassismus vorgehen will".
- Österreich sollte auch endlich ein Nationales Menschenrechtsinstitut einrichten, das die Anforderungen der Pariser Prinzipien erfüllt. Die Volksanwaltschaft erfüllt diese nur teilweise und hat deshalb lediglich B-Status.
- „Die Regionalstellen der Gleichbehandlungsanwaltschaft sollten ermächtigt werden auch bei Diskriminierung aufgrund der ethnischen Zugehörigkeit und Religion zu beraten. Derzeit sind sie auf Benachteiligungen aufgrund des Geschlechts in der Arbeitswelt beschränkt".
- „Schließlich sollte der Diskriminierungsschutz im Gleichbehandlungsgesetz harmonisiert werden. Die unterschiedlichen Schutzniveaus sind sachlich nicht begründbar".
- „Im Bildungsbereich sollten nachhaltige Maßnahmen zur Beseitigung der bestehenden Segregation unternommen werden. Das beginnt mit systematischer Datensammlung, sollte die umfassende Verankerung von Kompetenzen im Umgang mit sprachlicher und kultureller Diversität umfassen und eine gemeinsame Schule für alle sechs bis fünfzehn Jährigen beinhalten".
- „Schließlich sollten die strafrechtlichen Instrumente zur Bekämpfung von Rassismus überdacht und auf Vollzugs- oder Gesetzesebene nachjustiert werden. So wird § 33 Z. 5 des Strafgesetzbuches (StGB), der rassistische oder andere besonders verwerfliche Motive als Erschwerungsgrund vorsieht, von Staatsanwaltschaften und Gerichten selbst in Fällen, in denen die einschlägige Motivation offensichtlich ist, nicht angewendet. Der Verhetzungsparagraf 283 StGB, der erst jüngst novelliert wurde, um Verhetzung auch wegen Alter, Behinderung, Geschlecht und sexueller Orientierung strafbar zu machen, wurde so novelliert, dass die Anforderungen an die Öffentlichkeit, der eine solche Äußerung zugänglich sein muss, stark erhöht sind. Schon bisher wurde § 283 StGB kaum angewendet – es ist zu bezweifeln, dass die Neufassung effektiver wird" (<https://www.klagsverband.at> Erfüllt Österreich die Antirassismus-Konvention (CERD)?, S. 1 f.).

Neben den Vereinten Nationen engagiert sich u. a. auch die OSZE im Rahmen der menschlichen Dimension für die Bekämpfung aller Formen des Rassismus, der Fremdenfeindlichkeit, des Antisemitismus und der Diskriminierung. Diese Formen der Intoleranz bedrohen u. a. die Sicherheit in den von zunehmender Vielfalt geprägten Gesellschaften in der OSZE-Region. Die OSZE setzt sich daher nachdrücklich für Toleranz und Nichtdiskriminierung ein. Dadurch soll auch das Sicherheitsgefühl in den Teilnehmerstaaten verbessert werden[52] (<https://www.osze.org> toleranz und nichtdiskriminierung, S. 1).

1.2. Europäische Ebene

1.2.1. Intoleranz und Rassismus in Europa

Neben der internationalen Ebene ist auch die europäische Ebene für das Thema Rassismus, insbesondere auch für Rassismus im Internet, von grundlegender Bedeutung.

Hierzu zählen u. a. die Arbeit des Europarats und der Europäischen Kommission gegen Rassismus und Intoleranz (ECRI). Dies ist bedeutend, da Rassismus bzw. Hass im Netz zunimmt und Hassreden im Internet grundsätzlich eine Diskriminierung darstellen[53] (Zeilner 2024).

Hassrede (Hate Speech), vor allem im Internet, zählt zu den häufigsten Formen von Intoleranz und Rassismus in Europa. Das bedeutet auch Diskriminierung und eine Bedrohung universeller Menschenrechte. Hassreden können den politischen Diskurs negativ beeinflussen und haben vor allem für Betroffene negative Folgen. Das inkludiert u. a. auch Diskriminierung und Angriffe auf die Demokratie (Studie: Hass im Netz: Der schleichende Angriff auf unsere Demokratie. Eine bundesweite repräsentative

---

[52] Österreich ist Mitglied der OSZE. Für die Entwicklung und Umsetzung von Maßnahmen zur Bekämpfung von „Rassismus" und „Fremdenfeindlichkeit" ist das OSZE-Büro für Demokratische Institutionen und Menschenrechte (ODIHR) in Warschau zuständig (OSZE-Büro für Demokratische Institutionen und Menschenrechte).

[53] Im Kontext des Europarechts ist u. a. die „Antirassismusrichtlinie RL 2000/43/EG" wesentlich, die Österreich im Jahr 2004 umgesetzt hat (Richtlinie des Rates zur Anwendung des Gleichbehandlungsgrundsatzes ohne Unterschied der Rasse und der ethnischen Herkunft, 2000/43/EG) sowie die Allgemeine Politik-Empfehlung ECRI Nr. 7 über nationale Gesetzgebung zur Bekämpfung von Rassismus und Rassendiskriminierung (ECRI 2003 8 REV. 13. Dezember 2002/07. Dezember 2017).

Untersuchung. Jenaer Institut für Demokratie und Zivilgesellschaft (IDZ) 2019).

Das Diskriminierungsverbot ist in diesem Kontext von großer Bedeutung. So ist es beispielsweise auch ein wesentlicher Grundsatz der Gründungsverträge der Europäischen Union (EU) und der Charta der Grundrechte der Europäischen Union. Zudem enthält auch Art. 14 der Europäischen Menschenrechtskonvention ein Diskriminierungsverbot[54] (Art. 14 Europäische Menschenrechtskonvention).

Das bedeutet, dass Menschen nicht aufgrund persönlicher Merkmale wie etwa der Rasse, dem Geschlecht, der Hautfarbe, der ethnischen oder sozialen Herkunft, der Religion, der Sprache oder der Weltanschauung ungleich oder schlechter behandelt werden dürfen[55] (Gründungsverträge der Europäischen Union; Charta der Grundrechte der Europäischen Union; Art. 14 der Europäischen Menschenrechtskonvention).

1.2.2. Europarat: „European Commission against Racism and Intolerance" (ECRI)

In Bezug auf den Kampf des Europarats gegen Hassreden bzw. Hass im Netz ist das Fachgremium ECRI ein bedeutendes Instrument gegen Rassismus und Diskriminierung in Europa. Zudem gibt es aber noch weitere Aktivitäten des Europarats zu dieser Thematik, beispielsweise das Projekt „No Hate Speech" des Bundesministeriums für Familien und Jugend (BMFJ), Jugend, Lebensqualität und Miteinander.

Das „**No Hate Speech Movement**" ist eine europaweite Kampagne des Europarats zur Sensibilisierung gegen Hass im Netz. Im Rahmen der Initiative wird über die Plattform „**Hate Speech Watch**" eine Online-Dokumentation

---

[54] Art. 2 des 1. Zusatzprotokolls der Europäischen Menschenrechtskonvention (EMRK) ist in Österreich in Verfassungsrang (Art. 2 des 1. Zusatzprotokolls der Europäischen Menschenrechtskonvention).

[55] Die „Europäische Kommission gegen Rassismus und Intoleranz" verfolgt das Ziel, Gesetzgebung und andere Maßnahmen im Bereich Rassismus und Intoleranz zu überprüfen und auch Verbesserungsvorschläge aufzuzeigen. Im Rahmen eines Länderbesuches durch unabhängige Expert/innen der Kommission wurde Österreich 2019 besucht. Der bereits sechste EKRI-Bericht über Österreich wurde dann am 2. Juni 2020 – inklusive österreichischer Stellungnahme dazu – veröffentlicht (EKRI Bericht 2020).

von Hasspostings geführt. Ziel ist es, solche Inhalte systematisch zu sammeln, sichtbar zu machen und zu analysieren[56] (<https://www.saferinternet.at> Aktiv gegen Hasspostings, S. 59).

1.2.3. Dokumente zum Thema Computerkriminalität:

1.2.3.1. „Zusatzprotokoll zum Übereinkommen über Computerkriminalität betreffend die Kriminalisierung mittels Computersystemen begangener Handlungen rassistischer und fremdenfeindlicher Art"

Auf europäischer Ebene ist im Kontext des Rassismus im Internet u. a. auch das „Zusatzprotokoll zum Übereinkommen über Computerkriminalität betreffend die Kriminalisierung mittels Computersystemen begangener Handlungen rassistischer und fremdenfeindlicher Art" des Europarates von Bedeutung (Zusatzprotokoll zum Übereinkommen über Computerkriminalität betreffend die Kriminalisierung mittels Computersystemen begangener Handlungen rassistischer und fremdenfeindlicher Art. Council of Europe, Sammlung Europäischer Verträge-Nr. 189).

Dieses Dokument wurde am 23. November 2001 in Budapest zur Unterzeichnung aufgelegt und umfasst insgesamt 16 Artikel. Österreich hat es damals nicht ratifiziert (Zusatzprotokoll zum Übereinkommen über Computerkriminalität betreffend die Kriminalisierung mittels Computersystemen begangener Handlungen rassistischer und fremdenfeindlicher Art. Council of Europe, Sammlung Europäischer Verträge-Nr. 189).

1.2.3.2. Dokumente für das Übereinkommen über Computerkriminalität

Wesentliche Dokumente betreffend das Übereinkommen über Computerkriminalität sind: Das „Budapester Übereinkommen über Computerkriminalität (Europarat)", das „Zusatzprotokoll zum Übereinkommen über Computerkriminalität betreffend die Kriminalisierung mittels

---

[56] Im ECRI-Staatenbericht über Österreich zum Thema „Rassismus und Intoleranz" aus dem Jahr 2015 wurde u. a. festgestellt, dass seit der Verabschiedung des vierten ECRI-Staatenberichts vom Dezember 2009 einige Fortschritte erreicht werden konnten, es gibt aber noch immer Problemfelder, die zu beheben sind (Europäische Kommission gegen Rassismus und Intoleranz, Bericht über Österreich 2015, S. 9 ff.).

Computersystemen begangener Handlungen rassistischer und fremdenfeindlicher Art", das „Zweite Zusatzprotokoll zum Übereinkommen über
Computerkriminalität über eine verstärkte Zusammenarbeit und die
Weitergabe elektronischen Beweismaterials" und der „Beschluss (EU) 2023/436
zur Ermächtigung der Mitgliedstaaten, im Interesse der Europäischen Union
das Zweite Zusatzprotokoll zum Übereinkommen über Computerkriminalität
zu ratifizieren" (Budapester Übereinkommen über Computerkriminalität,
Europarat, Budapest, 23. November 2001; Zusatzprotokoll zum Übereinkommen über Computerkriminalität betreffend die Kriminalisierung
mittels Computersystemen begangener Handlungen rassistischer und fremdenfeindlicher Art, Europarat 28. Januar 2003; Zweites Zusatzprotokoll
zum Übereinkommen über Computerkriminalität über eine verstärkte
Zusammenarbeit und die Weitergabe elektronischen Beweismaterials. ABl.
L 63 vom 28. Februar 2023, S. 28–47); Beschluss (EU) 2023/436 des Rates
vom 14. Februar 2023 zur Ermächtigung der Mitgliedstaaten, im Interesse
der Europäischen Union das Zweite Zusatzprotokoll zum Übereinkommen
über Computerkriminalität über eine verstärkte Zusammenarbeit und die
Weitergabe elektronischen Beweismaterials zu ratifizieren (Beschluss (EU)
2023/436 des Rates vom 14. Februar 2023. ABl. L 63 vom 28. Februar 2023,
S. 48–53).

1.2.3.3. *Zweck des Übereinkommens, der Protokolle und des Beschlusses*

- „Ziel des Übereinkommens ist es, zur Bekämpfung von Straftaten bei-
zutragen, die nur durch den Einsatz von Technologie begangen werden
können und bei denen die Vorrichtungen sowohl das Instrument für
die Begehung der Straftat als auch das Ziel der Straftat sind, sowie von
Straftaten, bei denen die Technologie zur Verstärkung einer anderen
Straftat (z. B. Verhetzung), eingesetzt wurde". Das Übereinkommen
enthält Leitlinien für alle Länder, die nationale Gesetze zur
Computerkriminalität ausarbeiten; es dient auch als Grundlage für
die internationale Zusammenarbeit zwischen den Vertragsparteien
des Übereinkommens.
- „Ziel des Ersten Zusatzprotokolls ist die Kriminalisierung der mittels
Computersystemen begangenen Verbreitung rassistischer und fremdenfeindlicher Materialien sowie rassistischer und fremdenfeindlich
motivierter Drohungen und Beleidigungen".

- „Ziel des Zweiten Zusatzprotokolls ist es, gemeinsame Vorschriften auf internationaler Ebene festzulegen, um die Zusammenarbeit bei der Bekämpfung der Computerkriminalität und die Erhebung von Beweismaterial in elektronischer Form für strafrechtliche Ermittlungen oder Verfahren zu verbessern".
- „Mit dem Beschluss werden die Mitgliedstaaten der Europäischen Union (EU) ermächtigt, das zweite Zusatzprotokoll im Interesse der EU zu ratifizieren"[57] (<https://eur-lex.europa.eu> Übereinkommen über Computerkriminalität/EUR-Lex, S. 1 f.).

Mit dem Übereinkommen, den Protokollen und dem Beschluss verbundene Dokumente sind „Mitteilung der Kommission an das Europäische Parlament, den Europäischen Rat, den Rat, den Europäischen Wirtschafts- und Sozialausschuss und den Ausschuss der Regionen" (EU-Strategie für eine Sicherheitsunion, COM(2020) 605 final vom 24. Juli 2020) sowie „Gemeinsame Mitteilung an das Europäische Parlament und den Rat" – Die Cybersicherheitsstrategie der EU für die digitale Dekade[58] (Cybersicherheitsstrategie der EU für die digitale Dekade, JOIN (2020) 18 final vom 16. Dezember 2020).

---

[57] Der Europarat veranstaltete am 12. und 13. Mai 2022 eine internationale Konferenz zum Thema „Verstärkung der Zusammenarbeit und der Weitergabe von elektronischem Beweismaterial". Im Rahmen dieser Konferenz wurde das zweite Zusatzprotokoll zum Übereinkommen über Computerkriminalität des Europarates zur Ratifizierung aufgelegt. Österreich gehörte zu den Erstunterzeichnern dieses verbindlichen völkerrechtlichen Instruments (<https://www.bmea.gv.at> Österreich unterzeichnet 2. Zusatzprotokoll zum Übereinkommen über Computerkriminalität am Eröffnungstag, S. 1).

[58] Den Europarat betreffend analysiert die „Europäische Kommission gegen Rassismus und Intoleranz" spezifische Probleme, sie gibt auch Empfehlungen an die siebenundvierzig Mitgliedstaaten (Council of Europe, what we do, Achievement). Auf Ebene des Europarates sind auch die „Europäische Menschenrechtskonvention" bzw. die „Konvention zum Schutz der Menschenrechte und Grundfreiheiten" und der „Europäische Gerichtshof für Menschenrechte" (EGMR) für „Rassismus und Intoleranz" wesentlich. Die „Konvention zum Schutz der Menschenrechte und Grundfreiheiten" ist ein völkerrechtlicher Vertrag zwischen den Mitgliedern des Europarates, der einen Katalog von Grundrechten und Menschenrechten (Konvention Nr. 005 des Europarates) inkludiert (Österreich: BGBl. Nr. 210/1958. Verfassungsrang: BGBl. Nr. 59/1964 vgl. auch Europarat, Details zum Vertrag-Nr. 005).

2. Nationale Ebene

2.1. Der öffentliche Diskurs

Der öffentliche Diskurs fokussiert sich in Österreich stark auf das Thema „Hass im Netz". Andere Formen von Rassismus, Hasskriminalität usw. die nicht im Kontext des Internets bzw. Sozialer Medien stehen, werden hingegen eher wenig thematisiert. In Österreich wird Hate Speech vor allem durch Tatbestände im Strafgesetzbuch (StGB) und durch das Verbotsgesetz erfasst. Dabei handelt es sich um selbstständige Delikte, die polizeilich, staatsanwaltschaftlich und gerichtlich relevant sind. Dies wurde u. a. auch in den untersuchten ZARA-Rassismus-Reports aufgezeigt (Zeilner 2024).

2.2. Staatliche Pflichten

Rassismus, Rassismus im Netz, Hass im Netz, Online Hate Speech usw. inkludieren auch staatliche Pflichten. Diese sind durch innerstaatliches Recht (nationales Recht) und dessen Vollziehung zu gewährleisten. In Österreich haben manche Normen in Bezug auf das Verbot der Diskriminierung Verfassungsrang. Das sind beispielsweise der Allgemeine Gleichheitssatz, Art. 7 B-VG (Art. 7 Bundesverfassungsgesetz (B-VG) 1920 idgF), das Bundes-Verfassungsgesetz Rassendiskriminierung in Umsetzung von ICERD (Bundes-Verfassungsgesetz zur Durchführung des Internationalen Übereinkommens über die Beseitigung aller Formen rassistischer Diskriminierung, BGBl. 1973/390 SEF) und Art. 14 EMRK[59] (Art. 14 Europäische Konvention zum Schutz der Menschenrechte und Grundfreiheiten (EMRK), BGBl. 210/1958 i.d.F. BGBl. III 47/2010).

---

[59] Weitere wesentliche verfassungsrechtliche Grundlagen für die Gleichbehandlung in Österreich sind insbesondere das „Staatsgrundgesetz von 1867", die „Österreichische Bundesverfassung (Gleichheitsprinzip)" (Staatsgrundgesetz von 1867; Österreichische Bundesverfassung). Wesentliche (einfach) gesetzliche Grundlagen für die Gleichbehandlung in Österreich sind insbesondere das „Gleichbehandlungsgesetz (GlBG) (Bundesgesetz über die Gleichbehandlung) (Diskriminierungs-verbot)".

In Österreich ist das „Bundesgesetz über die Gleichbehandlung" im Juli 2004 in Kraft getreten. Mit diesem Gesetz soll Gleichbehandlung aufgrund der ethnischen Zugehörigkeit, der Religion oder der Weltanschauung, des Alters oder der sexuellen Orientierung sichergestellt werden (Bundesgesetz über die Gleichbehandlung 2004. BGBl. I Nr. 66/2004).

Aufbauend auf das in Art. 7 B-VG verankerte Prinzip der Gleichbehandlung wurde in Österreich auch eine umfassende Antidiskriminierungsgesetzgebung erlassen, die auch laufend weiterentwickelt wird. Zur
Stärkung dieser Gesetzgebung hat auch die Umsetzung der einschlägigen EU-Richtlinien im Verwaltungs- und Zivilrecht Bereich beigetragen.
Insbesondere wurde in Österreich auch der strafrechtliche Schutz gegen
Diskriminierung und Verhetzung verbessert. Zudem wurden und werden
außergesetzliche Maßnahmen, vor allem im Bildungsbereich, ergriffen[60]
(<https://www.bmeia.gv.at> Kampf gegen Rassismus und Diskriminierung,
S. 1 f.).

In der Republik Österreich ist im Bereich des Antidiskriminierungsrechts –
einer Querschnittsmaterie – eine Rechtszersplitterung vorhanden. Das
Antidiskriminierungsrecht ist dort in unterschiedlichen Rechtsbereichen geregelt. Aufgrund der Kompetenznormen des B-VG (Art. 10 B-VG bis Art. 15 B-VG)
sind hier sowohl landesgesetzliche als auch bundesgesetzliche Vorschriften
relevant[61] (B-VG, Art. 10 bis 15).

In der Republik Österreich werden daher auf verschiedenen Ebenen
Maßnahmen, beispielsweise zur Förderung der Gleichbehandlung, zum

---

[60] Es soll auch ein „Nationaler Aktionsplan Menschenrechte in Österreich" und
eine „ganzheitliche Strategie zur Verhütung und Bekämpfung aller Formen von
Rassismus" usw. und eine „ganzheitliche Strategie zur Verhütung und Bekämpfung
des Antisemitismus" ausgearbeitet werden (<https://www.bmeia.gv.at> Kampf gegen
Rassismus und Diskriminierung, S. 1 f.).

[61] In Österreich ist der Kampf gegen Rassismus eine Herausforderung und eine wesentliche Aufgabe für unterschiedliche Akteure. Dies erfolgt auch im Kontext interna-
tionaler Bemühungen zur Beseitigung der Rassendiskriminierung. So verweist die
Republik Österreich in Ergänzung des 11., 12. und 13. Staatenberichts im 14. Bericht der
Republik Österreich vorerst auf ihre internationalen Bemühungen „zur Beseitigung der
Rassendiskriminierung" und auf die bisher getroffenen weiteren legislativen und ande-
ren Maßnahmen zur Erreichung dieses Ziels (14. Bericht der Republik Österreich gem.
Art. 9 des internationalen Übereinkommens zur Beseitigung aller Formen rassischer
Diskriminierung (<https://www.bundeskanzleramt.gv.at> 14. Bericht der Republik
Österreich).

Abbau von Vorurteilen und zur Integration,[62] gesetzt (<https://www.bmeia.gv.at> Kampf gegen Rassismus und Diskriminierung, S. 1 f.).

Am 1. Januar 2021 ist in Österreich das Gesetzespaket Hass im Netz in Kraft getreten. Dieses Gesetz – ein Maßnahmenpaket – sollte bzw. soll einen effektiven Schutz vor Hasspostings im Internet bieten. Damit wurde u. a. auch klargestellt, dass das Internet kein rechtsfreier Raum ist, sondern dass auch hier der Rechtsstaat gilt. Durch das Gesetzespaket wurden die Ansprüche (Erfüllung verschiedener strafbarer Tatbestände sowie zivilrechtliche und medienrechtliche Ansprüche) erweitert und die Rechtsdurchsetzung wesentlich erleichtert (BGBl. I Nr. 148/2020).

2.3.   Die „Hass im Netz"-Gesetzgebung in Österreich
2.3.1. Das Gesetzespaket „Hass im Netz" in Österreich

Bei Begehung via Internet ist die Rechtsdurchsetzung für von Rassismus betroffene Personen schwieriger. Die österreichische Bundesregierung hat sich in ihrem Regierungsprogramm dem „Schutz vor Hass und Gewalt im Netz" verpflichtet, weshalb im Herbst 2020 auch das „Gesetzespaket gegen Hass im Netz" vorgestellt und anschließend im Parlament beschlossen wurde[63] (BGBl. I Nr. 148/2020).

Schwerpunkte der Regierungsvorlage waren die „Schaffung von Regelungen zur Wahrnehmung des Persönlichkeitsrechtsschutzes sowie zum Umfang der Aktiv- und Passivlegitimation", ein „Vereinfachtes Unterlassungsverfahren bei Hasspostings samt Möglichkeit zur sofortigen Vollstreckbarkeit", „Einführung eines außerstreitigen Antrags auf

---

[62]   Ein Beispiel hierfür ist das Kompetenzzentrum für Diversität, Antirassismus und Antidiskriminierung. Es soll aktiv gegen Rassismus und andere Formen der Diskriminierung vorgehen und Diversität in allen Zuständigkeitsbereichen des zuständigen Ministeriums verankern. Zu diesem Zweck wurde ein ganzheitliches und systematisches Diversitätsmanagement errichtet, um Diversität, Rassismus und Diskriminierung auf strategischer Ebene zu bearbeiten. Präventive Antidiskriminierungsarbeit ist hierbei von besonderer Bedeutung (<https://www.bmkoes.gv.at> Gleichstellung und Diversität, S. 1 f.).

[63]   Es sind hier grundsätzlich drei Maßnahmenpakete beschlossen worden. 1) Straf- und medienrechtliche Maßnahmen zur Bekämpfung von Hass im Netz. 2) Hass-im-Netz-Bekämpfungsgesetz. 3) Kommunikationsplattformgesetz (KoPl-G) (BGBl. I Nr. 148/2020).

Herausgabe von Nutzerdaten nach § 18 Abs. 4 E-Commerce-Gesetz" sowie „Gesetzliche Neustrukturierung und Ausweitung der Möglichkeit zur Inanspruchnahme von Prozessbegleitung" (Regierungsvorlage Bundesgesetz, mit dem Maßnahmen zur Bekämpfung von Hass im Netz getroffen werden, Stand 18. November 2020).

Zudem: „Gesetzliche Verankerung der Zulässigkeit bestimmter Ermittlungsmaßnahmen im Rahmen von Privatanklagedelikten nach §§ 111, 113, 115 StGB, die im Wege der Telekommunikation oder unter Verwendung eines Computersystems begangen wurden", „Gesetzliche Befreiung des Privatanklägers von der Kostenersatzpflicht für Verfahrenskosten bei Strafverfahren wegen übler Nachrede (§ 111 StGB), Vorwurf einer schon abgetanen gerichtlich strafbaren Handlung (§ 113 StGB) und Beleidigung (§ 115 StGB), die im Wege einer Telekommunikation oder unter Verwendung eines Computersystems begangen wurden", „Gesetzliche Neustrukturierung und Verbesserung der Voraussetzungen zur rascheren und umfassenderen Entfernung betreffender Mitteilungen oder Darbietungen aus dem Netz", „Verbesserung des strafrechtlichen Schutzes vor Cybermobbing, unbefugten Bildaufnahmen und Individualbeleidigungen aus diskriminierenden Motiven" und „Ergänzung des § 76a StPO um sonstige Diensteanbieter (§ 3 Z. 2 ECG) (Regierungsvorlage Bundesgesetz, mit dem Maßnahmen zur Bekämpfung von Hass im Netz getroffen werden, Stand 18. November 2020).

Die Ansichten der Vertreter der im österreichischen Nationalrat vertretenen politischen Parteien zum „Maßnahmenpaket gegen Hass im Netz" waren bis zum Gesetzesbeschluss damals unterschiedlich. Bei der Abstimmung im Nationalrat wurde das Bundesgesetz in dritter Lesung jedoch angenommen. ÖVP, SPÖ, GRÜNE und NEOS stimmten dafür, die FPÖ stimmte dagegen[64] (Parlamentskorrespondenz Nr. 1300 vom 26. November 2020).

---

[64] Die im Nationalrat vertretenen politischen Parteien in dieser Legislaturperiode waren aufgrund des Ergebnisses der Nationalratswahl vom 29. September 2019 in Prozent der Wählerstimmen: 1) ÖVP (37,5 Prozent der Wählerstimmen), 2) SPÖ (21,2 Prozent der Wählerstimmen), 3) FPÖ (16,2 Prozent der Wählerstimmen), 4) GRÜNE (13,9 Prozent der Wählerstimmen) und 5) NEOS (8,1 Prozent der Wählerstimmen) (Ergebnisse der Nationalratswahl 2019, BMI-Applikation).

2.3.1.1. Das Hass-im-Netz-Bekämpfungs-Gesetz (HiNBG, 2021)

Das Hass-im-Netz-Bekämpfungs-Gesetz (HiNBG) ist ein Bundesgesetz, mit dem Maßnahmen zur Bekämpfung von Hass im Netz getroffen werden und einen „effektiveren Schutz vor Hasspostings im Internet" bewirken sollen (Hass-im-Netz-Bekämpfungs-Gesetz – HiNBG).

Hasspostings können verschiedene strafbare Tatbestände erfüllen und auch zivilrechtliche sowie medienrechtliche Ansprüche begründen. Die Ansprüche wurden ausgeweitet und die Rechtsdurchsetzung für Betroffene erleichtert (<https://www.bmj.gv.at> Fokusthemen>Hass im Netz – BMJ, S. 1). Wesentliche Maßnahmen sind:

1) Die gerichtliche Löschung von Hasspostings mittels Mahnverfahren. Das bedeutet eine Stärkung der Persönlichkeitsrechte durch Unterlassungs- und Beseitigungsansprüche. Die Menschenwürde verletzende Postings können nun rasch gelöscht werden. Es ist hier möglich, beim zuständigen Bezirksgericht ohne vorangehende Verhandlung (Mandatsverfahren) einen Unterlassungsanspruch zu erwirken. Das ist für Betroffene von besonderer Bedeutung.
2) Eine erleichterte Ausforschung von Täter/innen bei Privatanklagedelikten.
3) Der Entfall des Kostenrisikos für Opfer.
4) Eine Ausweitung der Prozessbegleitung[65] (HiNBG 2021).
5) Höherer Schadenersatz im Medienrecht.
6) Cybermobbing ist bereits ab dem ersten Posting strafbar (HiNBG 2021).

---

[65] In Bezug auf die Prozessbegleitung muss zwischen einer psychosozialen und einer juristischen Prozessbegleitung unterschieden werden. Bei der psychosozialen Prozessbegleitung hilft eine Person dem Opfer, das Geschehene aufzuarbeiten. Bei der juristischen Prozessbegleitung unterstützt ein Rechtsanwalt bzw. eine Rechtsanwältin das Opfer dabei, seine Rechte durchzusetzen. Zudem gibt es aber auch viele andere Änderungen (<https://www.nohatespeech.at> Mit Recht gegen Hass, S. 1 ff.).

Cyber-Mobbing ist ein vielschichtiger und systemischer Prozess. Das zu thematisieren ist auch im Bildungskontext wesentlich. Dabei können sowohl Einzelattacken als auch Ausgrenzungsprozesse gegen Mobbingopfer relevant sein. Cyber-Mobbing bezeichnet grundsätzlich die Nutzung von Kommunikationskanälen wie beispielsweise E-Mail, Chat, Facebook, Websites, SMS usw. Das kann durch eine oder mehrere Personen erfolgen, mit dem Ziel, bewusst, vorsätzlich und in wiederholter Weise eine oder mehrere Personen zu verletzen, sie zu bedrohen oder zu beleidigen oder auch einfache Gerüchte über sie zu verbreiten. Es gibt hier aber kein klares Opferprofil[66] (<https://www.bmbwf.gv.at> Cybermobbing: Gewalt und Mobbing mit neuen Medien, S. 1 f).

Cyber-Mobbing ist strafrechtlich relevant. Wesentlich ist dabei, dass eine Person über eine längere Zeit hinweg online vor vielen Menschen – vor allem in einem sozialen Netzwerk – beleidigt, beschimpft, belästigt oder bloßgestellt wird. Seit dem 1. Januar 2016 ist Cyber-Mobbing als eigener Straftatbestand im Strafgesetzbuch verankert: „Fortgesetzte Belästigung im Wege einer Telekommunikation oder eines Computersystems" (§ 107c StGB).

§ 107c StGB normiert, wer:

- „strafbare Handlungen gegen die Ehre einer Person für eine größere Zahl von Menschen für eine längere Zeit wahrnehmbar begeht (§ 107c Abs. 1 Z. 1 StGB) oder
- „eine Tatsache oder Bildaufnahme des höchstpersönlichen Lebensbereichs einer Person ohne deren Zustimmung für eine größere Zahl von Menschen für längere Zeit wahrnehmbar macht" (§ 107c Abs. 1 Z. 2 StGB).

Sofern dies

---

[66] „Cyber-Mobbing" ist eine spezielle Form von Gewalt und ein äußerst schädliches, antisoziales Verhalten mit lang anhaltenden und weitreichenden negativen Folgen. Es ist gekennzeichnet durch „das Vorliegen einer bewussten aggressiven Handlung durch neue Medien, das wiederholte Vorkommen und das Machtungleichgewicht zwischen den Beteiligten" (<https://www.bmbwf.gv.at> Cybermobbing: Gewalt und Mobbing mit neuen Medien, S. 1 f.).

- „im Wege einer Telekommunikation oder eines Computersystems geschieht und zwar auf eine die Lebensführung des Opfers unzumutbar zu beeinträchtigenden geeigneten Weise"[67] (§ 107c StGB)[68].

Neben Cyber-Mobbing sind auch Hasspostings relevant. Dies kann durch Text, Foto oder Video erfolgen. Dabei werden Gruppen von Menschen aufgrund ihrer Herkunft, Religion, sexuellen Orientierung usw. angegriffen. Es kann auch direkt zur Gewalt gegen eine solche Gruppe aufgerufen werden. Die strafrechtlich relevante Norm ist hier die Verhetzung (§ 283 StGB).

7) Der Tatbestand der Verhetzung wurde durch das HiNBG 2021 ausgeweitet.

Verhetzung ist im österreichischen Strafgesetzbuch (StGB) in § 283 StGB geregelt.

§ 283 Abs. 1 StGB sieht eine Grundstrafandrohung von bis zu zwei Jahren Freiheitsstrafe vor. Eine höhere Strafe, konkret eine Freiheitsstrafe bis zu drei Jahren, sieht das Gesetz vor, wenn die Tathandlung einer breiten Öffentlichkeit (ab etwa 150 Personen) zugänglich wird (§ 283 Abs. 2 StGB).

8) Ein transparentes Meldeverfahren.

9) Zustellungsbevollmächtigte sowie

10) Empfindliche Geldbußen (HiNBG 2021).

---

[67] Mit den Änderungen von 2021 sind die Regelungen zu „Cyber-Mobbing" strenger geworden. Dabei „belästigt" oder „beleidigt" eine Person eine andere Person, stellt diese bloß oder veröffentlicht private Dinge über sie. Dies muss mithilfe eines technischen Geräts (z. B. Computer, Handy usw.) geschehen. Zudem müssen mindestens zehn Personen diese Nachricht für längere Zeit sehen können. Bereits das einmalige Veröffentlichen eines Nacktbildes einer anderen Person kann Cyber-Mobbing darstellen. Es muss nachvollziehbar sein, dass sich die betroffene Person deshalb aus dem Internet zurückzieht, beispielsweise, indem sie keine Kommentare mehr verfasst oder ihren Facebook-Account löscht (<https://www.nohatespeech.at> Mit Recht gegen Hass, S. 1 ff.).

[68] Vor der neuen Regelung konnten man verhetzende Beschimpfungen nur gegen Gruppen angezeigt werden bzw. wurden solche verfolgt. Nun kann es als Verhetzung gelten, wenn man gegen eine Gruppe oder eine Person zu Gewalt auffordert oder zu Hass aufruft. Verhetzung liegt aber nur dann vor, wenn dies aufgrund eines konkreten Merkmals geschieht. Solche Merkmale sind „Rasse", „Hautfarbe", „Sprache", „Religion oder Weltanschauung", „Staatsangehörigkeit", „Herkunft", „Geschlecht", „Behinderung", „Alter" oder „sexuelle Ausrichtung (<https://www.nohatespeech.at> Mit Recht gegen Hass, S. 1 ff.).

2.3.1.2. *Das Kommunikationsplattformen-Gesetz (KoPl-G)*

Durch das Kommunikationsplattformen-Gesetz gegen Hass im Netz müssen (bzw. mussten) Online-Plattformen wie Facebook, Instagram, X (ehemals Twitter) usw. einfachere Möglichkeiten bieten, rechtswidrige Inhalte zu löschen. Enthalten solche Inhalte Hetze, Verleumdung, gefährliche Drohungen oder sind sie als Mobbing zu sehen, müssen die Plattformbetreiber sie innerhalb von 24 Stunden entfernen. Erfordert die Prüfung des Inhalts mehr Zeit, muss die Löschung innerhalb einer Frist von sieben Tagen erfolgen (KoPl-G).

Das – seit Anfang 2021 geltende Gesetz – richtete sich gegen Hass im Netz und ordnete entsprechende Maßnahmen in diesem Bereich an. Vor allem sollte ein verantwortungsvoller und transparenter Umgang mit Meldungen von Social-Media-Nutzern ermöglicht werden. Wesentlich war, dass eine möglichst schnelle Löschung von rechtswidrigen Inhalten ermöglicht wird. Die bereits aktiven Online-Plattformen mussten bis Ende März 2021 die diesbezüglichen Melde- und Überprüfungsverfahren umsetzen. Der Gesetzgeber schrieb u. a. auch vor, dass die Meldefunktionen für Nutzer/innen einfach auffindbar, ständig verfügbar und einfach zu handhaben sein müssen (<https://www.derstandard.at> Rechtliche Richtlinien gegen Hass im Netz, S. 1 f.).

Noch im Jahr 2021 entschied das österreichische Bundesverwaltungsgericht (BVwG) über Beschwerden, die von drei internationalen Kommunikationsplattformen eingebracht gegen die Kommunikationsbehörde Austria (KommAustria) eingebracht wurden, nachdem diese in Feststellungsbescheiden klarstellte, dass Erstere dem Kommunikationsplattformen-Gesetz unterliegen. Die Beschwerden der drei Kommunikationsplattformen wurden vom jeweils dreiköpfigen Richter/innensenat des BVwG abgewiesen, eine Revision wurde aber zugelassen[69] (Erkenntnis vom 28. September 2021, W2342243172-1/11E; Erkenntnis vom 28. September 2021, W1952241960-1/6E; Erkenntnis vom 28. September 2021, W19522422336-1/10E).

---

[69] Der Richter/innensenat des BVwG sah die österreichische Rechtslage einschließlich des KoPl-G als eine Auslegung im Einklang mit dem Unionsrecht zugänglich. Angesichts des Sitzes der beschwerdeführenden Gesellschaften im EU-Ausland waren nicht nur die „E-Commerce-Richtlinie", sondern auch die „EU-Grundrechtscharta" und weitere „unionsrechtliche Bestimmungen" miteinzubeziehen. Einen besonderen Aspekt stellten die Plattformen dar, welche unter die „Richtlinie über audiovisuelle

2.3.1.3. Europäischer „Digital Service Act": Ablösung des Kommunikationsplattformen-Gesetzes (KoPl-G)

Das österreichische Parlament hatte im Dezember 2020 ein umfangreiches „Gesetzespaket zur Bekämpfung von Hass im Netz" beschlossen. Ein Teil dieses Pakets war das Kommunikationsplattformen-Gesetz, welches die Betreiber großer Kommunikationsplattformen wie etwa Facebook dazu verpflichtete, ein wirksames Beschwerdeverfahren für Nutzer/innen einzurichten, die mit Beleidigungen, Falschinformationen, Gewaltdrohungen oder anderen strafrechtlichen Delikten konfrontiert werden. Zudem waren damit zusammenhängende stehende Lösch- und Meldepflichten vorgesehen. Dieses Gesetz wurde jedoch durch den „Digital Service Act" (DSA) der Europäischen Union ersetzt (Parlamentskorrespondenz Nr. 1322 vom 30. November 2023).

Ziel des „Digital Services Acts" ist es, das Internet für Nutzer/innen in Europa sicherer und transparenter zu machen und Desinformation entgegenzuwirken. Vor allem sollen sehr große Online-Plattformen (VLOPs) und sehr große Online-Suchmaschinen (VLOSEs) sollen ein Beschwerdemanagementsystem errichten. Dadurch sollen illegale Inhalte und Hass im Netz wirkungsvoller bekämpft werden können[70] (Parlamentskorrespondenz Nr. 1322 vom 30. November 2023).

Der Justizausschuss des Nationalrates billigte mit den Stimmen von ÖVP, SPÖ und Grünen das von der Bundesregierung vorgelegte DSA-Begleitgesetz. FPÖ und NEOS hatten zu diesem Zeitpunkt noch nicht endgültig darüber entschieden, ob sie dieses Gesetz billigen werden. Für die NEOS war die Zeit

---

Mediendienste" fallen. Hierunter fallen nur die Kommentare unter das KoPl-G. Es wurde u. a. festgestellt, dass das KoPl-G nur den gesetzlichen Rahmen darstellt und damit noch nicht den gemäß der E-Commerce-RL erforderlichen unionsrechtlichen Meldevorgängen an die EU-Kommission sowie den Niederlassungsstaat unterliegt. Im Fall der Erlassung künftiger Maßnahmen in Form von Bescheiden aufgrund des KoPl-G – einschließlich der Verhängung von Strafen – wäre das aber geboten gewesen. Ein wesentliches Ergebnis ist, dass das Kommunikationsplattformen-Gesetz mit EU-Recht im Einklang stand (Erkenntnis vom 28. September 2021, W2342243172-1/11E; Erkenntnis vom 28. September 2021, W1952241960-1/6E; Erkenntnis vom 28. September 2021, W19522422336-1/10E).

[70] Das von der österreichischen Bundesregierung vorgelegte DSA-Begleitgesetz (2309 d. B.) sieht dazu wesentliche Maßnahmen zur Umsetzung der EU-Regelungen vor. Vor allem soll geltendes Bundesrecht nicht der EU-Verordnung nicht widersprechen und die EU-Verordnung soll in Österreich gut wirksam werden (Parlamentskorrespondenz Nr. 1322 vom 30. November 2023).

zur genauen Prüfung des Gesetzesentwurfs zu kurz. Ein einheitliches europäisches Vorgehen zur Bekämpfung von Hass im Netz wurde jedoch positiv gesehen. Die FPÖ stand dem Vorhaben im Wesentlichen positiv gegenüber, hatte aber in Bezug auf Red Flags Bedenken (Parlamentskorrespondenz Nr. 1322 vom 30. November 2023).

Mit dem DSA-Begleitgesetz wurde das Koordinator-für-digitale-Dienste-Gesetz erlassen und andere Gesetze geändert. Es wurde im Dezember 2023 vom Nationalrat verabschiedet und ist am 17. Februar 2024 in Kraft getreten. Damit wurde die EU-Verordnung Digital Service Act (DSA) in nationales Recht umgesetzt. Das im Jahr 2020 – auf Grundlage des Gesetzespakets gegen Hass im Netz – beschlossene Kommunikationsplattformen-Gesetz wurde vollständig vom DSA-Begleitgesetz (DSA-BegG) ersetzt. Das E-Commerce Gesetz wurde teilweise ersetzt bzw. wurden einige Bestimmungen wurden aufgehoben, da diese nun in der EU-Verordnung (Verordnung 2024) enthalten sind. Auch die Kosten für zu Unrecht erwirkte Gegendarstellungen nach dem Mediengesetz wurden neu geregelt[71] (DSA-Begleitgesetz).

3. Die Beurteilung der Hass-im-Netz-Gesetzgebung (Stand April 2024)

3.1. Die Beurteilung von ZARA

ZARA sieht die Hürden bei der Bekämpfung von Hass im Netz grundsätzlich nicht nur im Strafrecht. Die Hass-im-Netz-Gesetzgebung wird jedoch überwiegend positiv beurteilt. Nach Ansicht von ZARA habe sich durch das Hass-im-Netz-Paket der österreichischen Bundesregierung insgesamt vieles verbessert. So wurden beispielsweise „verschiedene, bereits vorhandene Gesetze im Bereich des Straf-, Zivil- und Medienrechts verändert bzw. verschärft". Im Kontext des Strafrechts wurde vor allem die Möglichkeit zur Bekämpfung des geschützten Rechtsguts Ehre durch verletzende Haspostings erleichtert. Zudem wurde auch der strafrechtliche Bildnisschutz verschärft. Ein weiterer Vorteil für Betroffene von Hass im Netz sei laut ZARA die Möglichkeit,

---

[71] Im November 2023 wurde das Kommunikationsplattformen-Gesetz (Kopl-G) bereits durch eine Entscheidung des Europäischen Gerichtshofes (EuGH) als nicht europarechtskonform angesehen. Die wesentliche Begründung lautet, dass es gegen das „Herkunftslandprinzip" verstoße (Urteil des Europäischen Gerichtshofs (EuGH) in der Rechtssache C-376/22 vom 9. November 2023).

Prozessbegleitung in Anspruch zu nehmen. Betroffene, die strafrechtlich relevante Inhalte bekämpfen wollen, können sich hier unentgeltlich psychosozial
und juristisch begleiten lassen. Eine große Hürde stellt jedoch die Ausforschung
von unbekannten Täter/innen dar, weshalb die spätere Anklage dann auch vielfach scheitert. Dies lässt sich auch durch die Analyse der Beantwortung einer
parlamentarischen Anfrage im Jahr 2021 belegen (<https://futurezone.at> Hass
im Netz: „Die Ausforschung unbekannter Täter ist eine große Hürde", S. 1 f.).

3.2. Beantwortung einer parlamentarischen Anfrage 2021

Das Gesetzespaket gegen Hass im Netz zeigte im ersten Jahr nach dem
Inkrafttreten wenig Wirkung. Im Jahr 2021 führte die Ausweitung von Straftat-
beständen zwar zu etwas mehr Anzeigen, aber nicht zu mehr Anklagen. Dies
geht aus der Beantwortung einer parlamentarischen Anfrage durch die damalige Justizministerin hervor. Die Verurteilungsstatistik lag zu diesem Zeitpunkt
allerdings noch nicht vor. Beim neu geschaffenen Upskirting-Tatbestand
(§ 120a StGB) kam es damals jedoch in 129 Fällen zu 22 Anklagen. Das neue
Opferschutzangebot wurde anfangs weniger genutzt als angenommen. Nur
65 Personen machten damals von der Möglichkeit Gebrauch, anonyme Täter/
innen von Behörden ausforschen zu lassen. Nur 16 Personen nahmen eine
psychosoziale Prozessbegleitung in Anspruch. Für dieses Angebot waren
mehr als 3 Millionen Euro budgetiert, es fielen aber nur Kosten in Höhe
von 11.500 Euro an. Die Justizministerin kündigte deshalb eine umfassende
Informationskampagne an[72] (<https://www.derstandard.at> Gesetzespaket
gegen Hass im Netz zeigt bisher kaum Wirkung, S. 1).

3.3. EuGH-Generalanwalt beurteilte Kommunikationsplattformen-
Gesetz (KoPl-G) als EU-rechtswidrig

Der Generalanwalt des Europäischen Gerichtshofes (EuGH) hat im Jahr 2023
die Anwendung des Kommunikationsplattformen-Gesetzes (KoPl-G) auf

---

[72] Die Zahl der Anklagen wegen Cybermobbings (56) blieb zum Jahr 2020 unverändert.
      Beim Tatbestand der Verhetzung erfolgte ein geringer Anstieg (von 84 auf 92). Die neue
      Möglichkeit, mit einem formlosen Antrag die Verfasser anonymer Internetpostings
      ermitteln zu lassen, wurde im Jahr 2021 nur 65-mal beansprucht (<https://www.ders-
      tandard.at> Gesetzespaket gegen Hass im Netz zeigt bisher kaum Wirkung, S. 1 f.;
      APA, 19. April 2022).

Online-Plattformen für EU-rechtswidrig erklärt. Der Grund dafür war „dass sich laut dem EU-rechtlichen Herkunftslandprinzip die Anforderungen an einen Online-Dienst grundsätzlich nur nach dem Recht jenes Staates richten, in dem der Anbieter seine Hauptniederlassung hat". Andernfalls müsste jedes Unternehmen 27 nationale Gesetze beachten, wodurch auch der europäische Binnenmarkt erheblich eingeschränkt würde. Österreich hat mit diesem Gesetz jedoch Online-Plattformen – auch mit Sitz in einem anderen EU-Mitgliedstaat – detailliert vorgeschrieben, wie diese mit illegalen Inhalten in Österreich umzugehen haben. Die Rechtsansicht der österreichischen Regierung, „wonach die im Gesetz enthaltenen Maßnahmen von einer Ausnahmeregelung des Herkunftslandprinzips erfasst sind" wurde vom Generalanwalt des Europäischen Gerichtshofes verneint. Diese Rechtsansicht wird jedoch kontrovers diskutiert (<https://www.ots.at> EuGH-Generalanwalt beurteilt „Hass im Netz Gesetz" als EU-rechtswidrig, S. 1).

4. Der rechtliche Rahmen gegen Hass im Netz in Österreich

4.1. Das Erkennen der (möglichen) rechtlichen Relevanz

In Österreich sind bereits seit 1945 zahlreiche Handlungen im Bereich „national-sozialistische Wiederbetätigung, Fremdenfeindlichkeit und Rassismus" strengstens verboten und werden von Gerichten und Verwaltungsbehörden geahndet. Solche Handlungen können nun bereits seit Jahren auch im Internet bzw. in Sozialen Medien erfolgen (Austrian Delegation to the OSCE-Conference on Anti-Semitism Berlin, 28–29 April, 2004).

Rassismus bzw. rassistische Diskriminierung im Internet kann zu jeder Zeit und an jedem Ort auftreten bzw. relevant sein. Dies zu erkennen ist grundsätzlich, vor allem aber im Bildungsbereich, für Interventionen und die Präventionsarbeit wesentlich. Hasspostings sollten identifiziert werden und deren (mögliche) Rechtsfolgen beurteilt werden können. Dies betrifft vor allem die strafrechtliche Relevanz: Hier sollten zumindest Schüler/innen der Oberstufe und Studierende den rechtlichen Rahmen und mögliche Folgen überblicken können. Dies sollte zumindest die relevanten Normen des österreichischen Strafgesetzbuches (StGB) und die „Straftatbestände des Verbotsgesetzes 1947" umfassen (Zeilner 2024).

4.2. Der rechtliche Rahmen auf nationaler Ebene

Nach österreichischem Recht können rassistische Äußerungen und Hassrede im Internet grundsätzlich vielfach strafrechtlich relevant sein. Das muss insbesondere auch im Bildungsbereich aufgezeigt werden, wobei auch die Möglichkeit bestehen muss, dass selbst wenn konkrete Hassreden im Internet nicht gesetzlich verboten sind, diese Personen dennoch erniedrigen bzw. verletzen können. Sie haben grundsätzlich eine schädigende Wirkung[73] (Zeilner 2024).

Es gibt im Recht Anknüpfungspunkte, um Gewalt im Netz bzw. Cybergewalt zu bekämpfen. Diese sind vor allem im Strafrecht, im Medienrecht, im Zivilrecht, im Urheberrecht und im Verwaltungsstrafrecht verortet. Cybercrime ist als eigener Bereich im Gesetz nicht existent, sondern eine sogenannte Querschnittsmaterie mit dem Schwerpunkt Strafrecht. Hass im Netz ist ein Teilbereich von Cybercrime (<https://www.bundeskanzleramt.gv.at> Cybergewalt, S. 1).

4.3. Verschiedene Straftatbestände bei Hass im Netz

Hasspostings im Internet können verschiedene Straftatbestände erfüllen. Vor allem sind unterschiedliche Normen bzw. Delikte im Strafgesetzbuch (StGB) relevant. Dabei ist zwischen Offizialdelikten, Ermächtigungsdelikten und Privatanklagedelikten zu unterscheiden. Davon ist es abhängig, wer eine strafbare Handlung verfolgt. Bei Offizialdelikten erfolgt die Strafverfolgung durch die Staatsanwaltschaft von Amts wegen. Zu den Offizialdelikten zählen beispielsweise Verhetzung und die Straftatbestände des Verbotsgesetzes von 1947[74] (<https://www.bmj.gv.at> Welche Straftatbestände können bei Hass im Netz erfüllt sein?, S. 1 f.).

---

[73] Es ist auch notwendig Schüler/innen und Studierenden aufzuzeigen, dass sich Gewalt im Netz bzw. Online-Hassreden in Österreich bereits seit einiger Zeit zu einer Gewöhnung bzw. Normalisierung entwickelt haben. Relevante Straftatbestände sollten im Unterricht jedenfalls thematisiert werden, da dies vor allem für die Gewaltprävention von wesentlicher Bedeutung ist (Soral W. et al. 2017, S. 1 ff.).

[74] Im Tatbestand der „Verhetzung" kommt der Terminus „Hass" sogar im Gesetzestext vor. Dieses Delikt ist im öffentlichen bzw. juristischen Diskurs und auch in den ZARA-Rassismus-Reports sehr präsent (§ 283 StGB).

Bei Ermächtigungsdelikten erfolgt die Strafverfolgung durch die Staatsanwaltschaft nur dann, wenn das Opfer diesbezüglich seine Ermächtigung dazu erteilt. Die Zustimmung des Opfers ist hierfür notwendig, die Initiative zur Strafverfolgung geht aber von der Staatsanwaltschaft aus. Bei Hass im Netz sind beispielsweise alle Beleidigungen relevant, die sich gegen das Opfer „wegen seiner Zugehörigkeit zu einer bestimmten Gruppe" richten. Bei Privatanklagedelikten erfolgt die Strafverfolgung nur auf Verlangen des Opfers. Das Opfer muss selbst eine Privatanklage bei Gericht einbringen. Beispiele für Privatanklagedelikte sind Beleidigung und üble Nachrede (<https://www.bmj.gv.at> Welche Straftatbestände können bei Hass im Netz erfüllt sein?, S. 1 f.).

4.3.1. Österreichisches Strafgesetzbuch (StGB): Mögliche strafrechtlich relevante Normen bei Rassismus im Netz bzw. Hass im Netz (Überblick)

Mögliche strafrechtlich relevante Normen sind: „Verhetzung" (§ 283 StGB), „Nötigung" (§ 105 StGB); „Gefährliche Drohung" (§ 107 StGB); „Beharrliche Verfolgung (§ 107a StGB); „Cyber Mobbing" bzw. „Fortdauernde Belästigung im Wege einer Telekommunikation oder eines Computersystems" (§ 107c StGB); „Unbefugte Bildaufnahme (§ 120a StGB); „Aufforderung zu mit Strafe bedrohten Handlungen und Gutheißung mit Strafe bedrohter Handlungen" (§ 282 StGB); „Nationalsozialistische und rassistische Inhalte" (Verbotsgesetz); „Üble Nachrede (§ 111 StGB)" (Ermächtigungsdelikt); „Ehrenbeleidigung (§ 115 StGB)" (Ermächtigungsdelikt); „Verleumdung (§ 297 StGB)"; „Kreditschädigung (§ 152 StGB)"; „Verletzung des höchstpersönlichen Lebensbereichs (§ 7 MGB); „Aufforderung zu mit Strafe bedrohten Handlungen und Gutheißung mit Strafe bedrohter Handlungen (§ 282 StGB)"; § 276 StGB (Verbreitung falscher und beunruhigender Gerüchte) wurde 2015 außer Kraft gesetzt (Fabrizy et al. 2022, S. 1 ff.).

4.3.2. Straftatbestände des Verbotsgesetzes 1947

In Österreich wurde die NSDAP durch das Verbotsgesetz vom 8. Mai 1945 verboten, ebenso jede Neugründung und jede Wiederbetätigung. Mit diesem Bundesverfassungsgesetz wurde eine gesetzliche Grundlage zur Beseitigung des Nationalsozialismus bzw. zur Entnazifizierung nach dem Ende des Zweiten Weltkrieges geschaffen. Das Verbotsgesetz vom 8. Mai 1945 trat am 6. Juni 1945 in Kraft (Verbotsgesetz vom 8. Mai 1945, StGBl. Nr. 13/1945).

Im Zuge einer umfassenden Novelle im Jahr 1947 wurde es in Verbotsgesetz 1947 umbenannt (Verbotsgesetz 1947, 17. Februar 1947, BGBl. Nr. 25/1947).

Mit dem Verbotsgesetz wurde „jede Form der Gutheißung, Leugnung oder Verharmlosung des Holocaust oder sonstiger Verbrechen des NS-Regimes verboten". Zudem ist es verboten, „Vereine oder Parteien, die das Gedankengut oder die Ideologie des Nationalsozialismus weiterführen, zu gründen oder zu unterstützen". Dieses Gedankengut darf in den Medien oder bei Veranstaltungen nicht verherrlicht, verharmlost oder weitergegeben werden. Das Verbotsgesetz setzt somit eine klare Grenze für die Meinungsäußerung bzw. die Meinungsfreiheit auf (<https://www.demokratiezentrum.org> Verbotsgesetz 1947, S. 1).

Im Jahr 2022 wurde in Österreich eine Reform des Verbotsgesetzes beabsichtigt. Wesentliche Regelungen sollten sein, dass im Ausland begangene Straftaten – die in Österreich Folgen haben – hierzulande geahndet werden können. Beispielsweise sollen Beamte bei einer Verurteilung wegen Wiederbetätigung automatisch ihr Amt verlieren. Ein wesentlicher Grund für diese Reform war u.a., dass Antisemitismus in Form von Desinformation und Verschwörungstheorien wieder verstärkt wahrnehmbar ist. Nach Ansicht der damaligen Justizministerin sei es deshalb umso wichtiger „gegen jede Form der NS-Verherrlichung vorzugehen". Das Verbotsgesetz sei auf nationaler Ebene „das wirkungsvollste Element im Kampf gegen Antisemitismus, Rechtsextremismus und nationalsozialistische Wiederbetätigung". Dies ist ein wesentlicher Schritt, da NS-Propaganda und Radikalisierung zunehmend im Internet stattfinden. „Nationalsozialistische Wiederbetätigung widerspricht allem, wofür wir als Österreich stehen", so die damalige Verfassungsministerin[75] (<https://www.derstandard.at> Verbotsgesetz soll reformiert werden – Rechtsextremismus, S. 1 ff.).

---

[75] Laut „Statistik Austria" ist die Zahl der Verurteilungen nach dem „Verbotsgesetz" in den vergangenen Jahren deutlich angestiegen. So waren es beispielsweise im Jahr 2010 noch 40 Verurteilungen, 2015 stieg die Zahl bereits auf 67 Verurteilungen, im Jahr 2020 auf 128 Verurteilungen und 2022 auf 215 Verurteilungen (Statistik Austria; vgl. auch O. Ö. Nachrichten vom Freitag, 9. Juni 2023, S. 2).

Präventionsstrategien gegen Online-Rassismus im österreichischen Bildungskontext

1. Die Nationale Strategie zur schulischen Gewaltprävention

In Österreich gibt es ein klares Bekenntnis zu Nulltoleranz gegenüber Gewalt in der Schule. Seit dem Jahre 2008 setzt das „Bundesministerium für Bildung, Wissenschaft und Forschung" (BMBWF) die „Nationale Strategie zur schulischen Gewaltprävention" um[76] (Nationale Strategie zur schulischen Gewaltprävention, BMBWF 2008).

Nach Ansicht des zuständigen Ministeriums ist Gewaltprävention eine Herausforderung, der sich österreichische Schulen als Gesamtorganisation stellen müssen. Als handlungsleitende Grundsätze einer wirkungsvollen und nachhaltigen Präventionsarbeit gelten: „Null Toleranz gegen Gewalt leben", „Vielfalt anerkennen/Kultur der Achtsamkeit", „Diskriminierungen erkennen und ablehnen", „Selbst-, Sozial- und Systemkompetenz der Lehrkräfte stärken" sowie „miteinander Reden". Ein wesentlicher Grundsatz lautet hier „Kinder und Jugendliche haben ein Recht auf ein sicheres und gewaltfreies Leben". Dies schließt auch ein Leben ohne rassistische Diskriminierung mit ein (<https://www.bmbwf.gv.at> Gewaltprävention, S. 1).

Die „Nationale Strategie zur schulischen Gewaltprävention" war ein wesentlicher Schritt, da Gewalt große Schäden, auch Langzeitschäden,

---

[76] Seit 2008 verfolgt das Bildungsministerium in Österreich eine nationale Strategie zur schulischen Gewaltprävention. Ziel ist es, den Lebensraum Schule für alle Kinder und Jugendlichen so zu gestalten, dass sie sich sicher fühlen (BMUKK. Bundesministerium für Unterricht, Kunst und Kultur).

anrichten kann, die unwiederbringlich sind. Die vielen möglichen Formen und Mechanismen von Gewalt sind auch in der Definition der World Health Organisation (WHO) beschrieben.

Definition von Gewalt: World Health Organisation (WHO)

„Violence is the intentional use of physical and psychological force or power, threatened or actual, against oneself, another person, or against a group or community, that either results in or has a high likelihood of resulting in injury, death, psychological harm, maldevelopment, or deprivation"[77] (WHO, Definition Gewalt).

Gewaltprävention in diesem Kontext bedeutet auch die Entwicklung antirassistischer Strategien. Dabei ist es von entscheidender Bedeutung, bei den Menschen eine Sensibilisierung und eine Bewusstseinsbildung für das Thema Rassismus bzw. Rassismus im Netz zu erreichen. Dies kann auf sehr unterschiedlichen Ebenen erfolgen. Österreich muss seine Verantwortung im Kampf gegen Rassismus jedenfalls auch auf staatlicher Ebene wahrnehmen und hat dies bereits auch getan. In österreichischen Regierungsprogrammen sind deshalb Maßnahmen zur Bekämpfung von Rassismus vorgesehen. Von großer Bedeutung ist in diesem Zusammenhang die Erarbeitung eines „Nationalen Aktionsplans gegen Rassismus und Diskriminierung"[78] (Parlament Österreich. „Nationaler Aktionsplans gegen Rassismus und Diskriminierung").

---

[77] Aus dieser Definition kann abgeleitet werden, dass Gewalt ein gezielter Einsatz von physischer oder/und psychischer Kraft bzw. Macht ist – entweder angedroht oder tatsächlich angewendet. Die Schädigung kann sich gegen die eigene Person, andere Personen, Personengruppen oder auch Gemeinschaften richten. Diese Definition der WHO ist sehr breit gefasst. Relevant sind auch die verwendeten Mittel „körperliche Gewalt" oder/und „psychische Gewalt" die geschädigten Personen, die Art des Schadens usw. (WHO, Definition Gewalt).

[78] Das „Bundesministerium für Kunst, Kultur, öffentlicher Dienst und Sport" (BMKÖS) in Österreich verfolgt das Ziel, strukturellen Rassismus sichtbar zu machen und positive Maßnahmen durchzuführen. Mit dem Kompetenzzentrum für Diversität, Antirassismus und Antidiskriminierung (KDA) wurde dazu eine eigene Stelle eingerichtet. In Zusammenarbeit mit verschiedenen Akteur/innen wurden hier Maßnahmen in den Zuständigkeitsbereichen des Ministeriums konzipiert. Ein Beispiel ist die Antirassismus-Strategie (<https://www.bmkoes.gv.at> Antirassismus-Strategie setzt Meilenstein für Chancengleichheit, S. 1).

2. Bekämpfung von Rassismus und Hassverbrechen

Das Bundeskanzleramt thematisierte bereits 2016 in seinem fünften Bericht der Republik Österreich auch die Bekämpfung von Rassismus und Hassverbrechen. Bezugnehmend darauf, dass Rassismus und Intoleranz zunehmend im Internet stattfinden, hat Österreich hier auch einen Schwerpunkt auf die Bekämpfung von Hate Speech im virtuellen Raum gesetzt. Am 1. Juli 2016 nahm der Ministerrat einen gemeinsamen Ministervortrag von BKA, BMI, BMJ, BMGF, BMFJ und BMB zur Initiative „Gewalt im Netz" zustimmend zur Kenntnis. Unter anderem wurde Folgendes festgestellt: „Hasspostings und Beschimpfungen in den Sozialen Medien sind in den vergangenen Jahren sowohl in der Qualität als auch in ihrer Form und Schärfe deutlich gestiegen. Mobbing im Internet und Beschimpfungen gegen Minderheiten und Schwächere sind nicht tolerierbare Auswüchse dieser Hasskultur. Frauen sind besonders häufig davon betroffen" (Bundeskanzleramt, 5. Bericht der Republik Österreich, S. 89 f.).

Dass Hasspostings bzw. Diskriminierungen im Internet, vor allem in den Sozialen Medien in den vergangenen Jahren zugenommen haben, kann u. a. auch aus dem Ergebnis der Untersuchung der ZARA-Rassismus-Reports abgeleitet werden. Dies bedeutet auch Gewalt im Netz, und macht zu dessen Verhinderung ein gemeinsames Vorgehen unterschiedlicher Akteure notwendig (ZARA-Rassismus-Reports 2010–2023).

Bereits 2019 formulierten BMBWF & FGÖ zum Thema „gemeinsam gegen Gewalt":

– Alle sind gefordert. Kinder und Jugendliche haben ein Recht auf ein sicheres und gewaltfreies Leben!
– Charta zur Etablierung von Schule als gesundheitsfördernden und Gewalt freien Lebensraum. Das bedeutet:
   a) Psychosoziale Gesundheit fördern. Schule als Ort der Gemeinschaft und des Wohlbefindens gestalten.
   b) Den Unterricht schülerzentriert und partizipativ gestalten. Persönlichkeitsstärkung und soziales Lernen bilden die Basis für lebenslanges Lernen.
   c) Null Toleranz bei Gewalt leben. Gemeinsam eine Schule gestalten, in der Gewalt keinen Platz hat.
   d) Vielfalt anerkennen/Kultur der Achtsamkeit. Vielfalt leben. Sie bedeutet Bereicherung und eröffnet Möglichkeiten.

e) Diskriminierungen benennen und ablehnen. Sich konsequent für Gleichwürdigkeit und Gleichbehandlung einsetzen.

f) Selbst-, Sozial- und Systemkompetenz stärken. An der Weiterentwicklung individuell und als Lebenswelt Schule arbeiten.

g) Miteinander reden. Förderung des vernetzten Handelns, sozialer Verantwortung und eines demokratischen Miteinanders (BMBWF & FGÖ 2019 – erweiterte Fassung auf Basis der „Charta – Etablierung einer gewaltfreien Schulkultur", veröffentlicht 2017 vom Bundeszentrum ÖZEPS [jetzt NCoC, National Competence Center Psychosoziale Gesundheitsförderung] im Auftrag des BMBWF).

Aus diesen Formulierungen bzw. Inhalten kann abgeleitet werden, dass Prävention von Gewalt an Schulen – einschließlich der Prävention von Rassismus, Rassismus im Netz bzw. Online-Rassismus an Schulen – Aufgabe des gesamten Bildungssystems bzw. der Institution Schule ist. Jede einzelne Person und konkrete Personengruppen im System Schule müssen dazu beitragen, einen gewaltfreien Umgang – ohne Rassismus und Diskriminierung – zu ermöglichen (Zeilner 2024).

3. Die Notwendigkeit von Präventionsprojekten

Die Notwendigkeit von Maßnahmen gegen Hass im Netz bzw. Online Hate Speech ergibt sich u. a. auch aus der Analyse der ZARA-Rassismus-Reports von 2010 bis 2023. Im österreichischen Bildungsbereich werden diesbezügliche Präventionsprojekte bereits eingesetzt[79] (ZARA-Rassismus-Reports 2010–2023).

Mögliche Wirkungen von Präventionsprojekten bzw. -programmen sind auch im Interesse der Bildungsforschung. Beispielsweise auch des Instituts für Bildungswissenschaft der Universität Wien. Dort wurden bereits interessante Forschungen durchgeführt, auch zum Thema „Effektivität von Präventionsprogrammen für Jugendliche". Der Titel einer Untersuchung lautet hier: „From Hate Speech to HateLess. The Effectiveness of a Prevention

---

[79] Auch Bossert und Legath zeigen bereits am Beginn ihrer Publikation auf, dass nach wie vor ein dringender Bedarf an Rassismusprävention besteht. Im Bildungsbereich, vor allem im Kontext des Politikunterrichts, seien hier Rollen-und Planspiele als Methode der Rassismusprävention zielführend (Bossert/Legath 2015, S. 284).

Program on Adolescents. Online Hate Speech Involvement" (Institut für Bildungswissenschaft der Universität Wien).

Background and results from this research

The Background: Hate Speech, a societal scourge, has found a potent conduit in modern technology, exacerbating its reach and impact. Adolescents are particularly vulnerable to the pernicious effects of online hate speech, which threaten their well-being and social cohesion (Wachs et al. 2022), highlighting an urgent need for effective prevention programs. Despite the growing recognition of this need, anti-hate speech programs still need to be developed, with questions about the efficacy of existing programs (Seemann/Herz et al. 2022).

Addressing this critical issue, the current study used a quasi-experimental design to evaluate the efficacy of „HateLess. Together against Hatred" (Krause et al. 2022). In reducing adolescents, online hate speech perpetration and victimization and increasing their online hate speech countering (Institut für Bildungswissenschaft der Universität Wien).

The results: „The results revealed that program participation significantly reduced online hate speech perpetration and victimization while enhancing countering hate speech. Notably, the interventions success was partially mediated by increased empathy, which, in turn, was linked to reduced victimization and heightened countering hate speech" (Institut für Bildungswissenschaft der Universität Wien).

Die Untersuchung der Wirkungen von Präventionsprojekten gegen „Hatespeech" im Schulbereich ist in Österreich relativ neu, Ergebnisse solcher Forschungen sind aber für positive Entwicklungen von entscheidender Bedeutung. Dazu gehört auch die Erforschung möglicher Wege von „Hatespeech" zu „HateLess". HateLess (frei von Hass) ist ein relativ neu kreiertes Programm in Deutschland, das im österreichischen Schulsystem aber noch kaum verwendet wird[80] (Studie Universität Wien, Institut für Bildungswissenschaften).

---

[80] HateLess ist ein Kooperationsprojekt in Deutschland zwischen der Universität Potsdam und dem Deutschen Forum für Kriminalprävention (DFK) (Universität Potsdam; Deutsches Forum für Kriminalprävention).

4. Rassismus im österreichischen Schulsystem
4.1. Aggressive Inhalte in Sozialen Medien

Viele Schüler/innen und Studierende verfügen bereits über mehrere Profile in verschiedenen sozialen Netzwerken. Hier werden oft unreflektiert persönliche Informationen online verbreitet. Es herrscht bei diesen Akteuren grundsätzlich aber wenig Bewusstsein darüber, welche Inhalte ins Netz gestellt werden können und welche nicht. Entwicklungen zeigen, dass in den Sozialen Medien ein aggressiver Umgangston bzw. aggressive Inhalte zunehmen. Junge Menschen sind davon oft betroffen[81] (<https://news.microsoft.com> de-at>Microsoft bereitet Jugendliche auf Extreme im Netz vor, S. 1).

Rassismus im Netz bzw. Online Hate Speech werden durch die Funktionsweise von Sozialen Medien beeinflusst. Die Funktionsweise von Sozialen Medien löst auch Emotionen aus. Die Autorinnen Goldgruber und Radkohl verweisen in ihrer Publikation „Medienwissenschaftliche Perspektiven. Sozialen Medien und Öffentlichkeiten" auf diesen Zusammenhang und nehmen dabei auch auf Lobo Bezug, der der aktuellen Gesellschaft einen Normalzustand der Erregung zuschreibt, der durch Soziale Medien verstärkt wird. Die Autorinnen weisen darauf hin, dass Online Hate Speech als Instrument gesehen werden kann. Hier verhindert der Hass auch die Empathie gegenüber den Gehassten (Goldgruber/Radkohl 2021, S. 72; vgl. auch Lobo 2016, S. 1 ff.).

Pörksen zeigt in seiner Publikation „Die große Gereiztheit" auf, dass in der Gegenwart jeder zum Sender werden kann und der Einfluss etablierter Medien zunehmend geringer wird. Ein gutes Zurechtkommen mit Informationstechnologien und der Umgang mit Informationen im Netz sei Bestandteil der Allgemeinbildung und muss im Bildungssystem berücksichtigt werden (Pörksen 2018, S. 1 ff.).

Hier sollten für Schüler/innen und Studierende diesbezüglich Grundlagen geschaffen werden. Pörksen zufolge sei hier Medienmündigkeit bzw. Medienkompetenz notwendig, die auch bereits zur Existenzfrage der Demokratie geworden ist. Zur Bekämpfung von Rassismus im Netz bzw.

---

[81] Microsoft Österreich hat deshalb bereits 2016 den „Aktionstag zum Safer Internet Day" mit dem Motto „Extrem im Netz" erklärt. Themen waren hier insbesondere Cybermobbing, Gewalt-und Hassbotschaften sowie politisch extreme Onlineaktivitäten (<https://news.microsoft.com de-at>Microsoft bereitet Jugendliche auf Extreme im Netz vor, S. 1).

Online Hate Speech sind Präventionsprojekte im Bildungsbereich wesentlich[82] (Pörksen 2018, S. 1 ff.).

Die Phänomene im Kontext von Rassismus und Rassismus im Netz sind sehr komplex, weshalb auch unterschiedliche Zugangsweisen zur Analyse und Prävention notwendig sind. Das zeigt Thomas Hellmuth u. a. in seinem wissenschaftlichen Beitrag „Was bedeutet Rassismus eigentlich?" auf. Die Hierarchisierung bzw. Unterscheidung in „Überlegene" und „Minderwertige", die diffamiert, ausgegrenzt und vielfach auch Opfer von Gewalt werden, muss im Bildungskontext für Schüler/innen und Studierende thematisiert und reflektiert werden[83] (Thomas Hellmuth, „Was bedeutet Rassismus eigentlich?", in: Informationen zur Politischen Bildung Nr. 49, hrsg. vom Forum Politische Bildung).

Um Rassismus zu vermeiden und zu bekämpfen, müssen die Komplexität und die Problematik der theoretischen Überlegungen, welche hinter Rassismuskonzepten bzw. -projekten stehen, analysiert und bewusst gemacht werden. Das erfordert eine intensive Auseinandersetzung mit dieser Thematik (Thomas Hellmuth, „Was bedeutet Rassismus eigentlich?", in: Informationen zur Politischen Bildung Nr. 49, hrsg. vom Forum Politische Bildung).

Es liegt in der besonderen Verantwortung des gesamten österreichischen Bildungswesens – also der Schulen, Universitäten, Hochschulen, Pädagogischen Hochschulen usw. – eine Kultur der Antidiskriminierung und ein wertschätzendes Miteinander zu etablieren. Dazu sind Präventionsprojekte, antirassistische

---

[82] Die Bekämpfung und Verhinderung von Rassismus im Netz, Hass im Netz bzw. Online Hate Speech ist eine wesentliche Aufgabe der Gesellschaft. Gemäß dem Fünf-Punkte-Plan des „Ethical Journalism Network" – welcher Ähnlichkeiten mit der CERD-Empfehlung Nr. 35 zur Bekämpfung rassistischer Hassreden aufweist und mit internationalem Recht referenziert – sind Überlegungen vor der Veröffentlichung von (Internet-)Artikeln wichtig. Beispielsweise „Welcher Zweck steht hinter Botschaften?", „Ist der Artikel bzw. der Beitrag ein Aufruf zu Gewalt oder Diskriminierung?" (Goldgruber/Radkohl 2021, S. 73).

[83] Hellmuth vertritt hier die Ansicht, dass diese Hierarchisierung nicht aus primitiven Ideologien und einer barbarischen Praxis resultieren, sondern theoretisch mit der Produktion komplexen Wissens zu begründen sind. Dieses Wissen müsse reflektiert und als soziokulturelles Konstrukt aufgedeckt werden, sonst bestünde die Gefahr „die tatsächliche Komplexität des Phänomens in gefährlicher Weise zu verschleiern". Hellmuth bezieht sich hier auch auf Ansichten von Christian Geulen (Thomas Hellmuth, „Was bedeutet Rassismus eigentlich?", in: Informationen zur Politischen Bildung Nr. 49, hrsg. vom Forum Politische Bildung).

Strategien usw. jedenfalls notwendig[84] (<https://www.tuwien.at> Rassismen an der Universität?, S. 1).

4.2. Rassismus als Ursache für Diskriminierung im österreichischen Schulsystem

Im österreichischen Schulsystem ist Rassismus bis heute der häufigste Grund für Diskriminierung. Das bedeutet, dass Diskriminierung an Schulen vor allem aus rassistischen Gründen erfolgt. Das zeigt auch der in Wien präsentierte Jahresbericht 2022 der „Initiative für ein diskriminierungsfeindliches Bildungswesen" (IDB) auf. Dieser Initiative wurden damals über digitale Kanäle oder Kooperationspartner insgesamt 158 Fälle von Diskriminierung im Bildungswesen gemeldet[85] (<https://science.apa.at> power-search>Diskriminierung an Schulen vor allem aus rassistischen Gründen, S. 1).

Am häufigsten betroffen waren die Sekundarstufe I (Mittelschulen, AHS-Unterstufe, Sonderschulen) mit 29 Prozent, gefolgt von sonstigen Einrichtungen, hier vor allem Deutschkursen, mit 23 Prozent der Sekundarstufe II, hier vor allem Oberstufen mit 17 Prozent und Universitäten mit 10 Prozent[86] (<https://science.apa.at> power-search>Diskriminierung an Schulen vor allem aus rassistischen Gründen, S. 1).

---

[84] Rassismus, zu dem auch Antisemitismus zählt, hat in Österreich viele Facetten. Rassistisch motivierte Gewalttaten sind dabei das Extrem. Beispielsweise sind im Jahr 2018 den österreichischen Sicherheitsbehörden insgesamt 1.075 rechtsextremistische, fremdenfeindliche/rassistische, antisemitische, antimuslimische sowie auch sonstige Tathandlungen bekannt geworden. Beinahe 30 Prozent dieser Tathandlungen hatten einen rassistischen, antisemitischen oder islamfeindlichen Hintergrund (Parlamentarische Anfrage 1587/J XXVII.GP; siehe auch https://www.parlament.gv.at> XXVII>parlamentarische Materialien – Wien, S. 1).

[85] Seit Beginn der IDB-Berichte im Jahr 2016 sind insgesamt 1.190 Fälle von Diskriminierung gemeldet worden. Wie weit für diese hohe Fallzahl auch das Qualitätsmanagement des österreichischen Bildungswesens mitursächlich ist, steht zur Diskussion (<https://science.apa.at> power-search>Diskriminierung an Schulen vor allem aus rassistischen Gründen, S. 1).

[86] Der Jahresbericht 2021 der „Initiative für ein diskriminierungsfreies Bildungswesen" (IDB) zeigt u. a. auf, dass gemeldete Übergriffe kaum Konsequenzen hatten. In nur 5 Prozent der gemeldeten rassistischen Übergriffe griffen Dritte oder indirekt involvierte Personen ein. Dies erfordert ein Umdenken in der Schulpolitik, insbesondere aber auch vonseiten der Pädagog/innen, um hier Verbesserungen zu erreichen. Das Thema „Zivilcourage" ist hier sehr aktuell (Initiative für ein diskriminierungsfreies Bildungswesen. Jahresbericht 2021).

Die Diskriminierung im Bildungswesen zeigt die Notwendigkeit von Präventionsprojekten auf. Dies kann auch durch die Analyse von Studien erkannt werden. Interessante Ergebnisse liefert hierzu auch eine Studie von SORA. In einer repräsentativen telefonischen Befragung von SORA zum Thema „Erleben von Diskriminierung und Ungleichbehandlung in Österreich" in den Lebensbereichen Arbeit, Wohnen, Gesundheit und Bildung gaben 43 Prozent der befragten Personen an, sich im Zeitraum von 2016 bis 2018 zumindest einmal in einem der vier relevanten Lebensbereiche schlechter behandelt bzw. diskriminiert gefühlt zu haben. Hochgerechnet waren das mehr als 2,5 Millionen Personen in Österreich[87] (Studie: Erleben von Diskriminierung und Ungleichbehandlung in Österreich. SORA, im Auftrag der Arbeiterkammer Wien, 2019).

5. Komitees, Projekte, Workshops und Unterricht zur Sensibilisierung gegen Hass im Netz

5.1. Das „Nationale No Hate Speech-Komitee"

Das „Nationale No Hate Speech-Komitee" in Österreich wurde 2016 gegründet. Es verfolgt insbesondere die Absicht für das Thema Hass im Netz zu sensibilisieren. Es werden u. a. Aktionen gegen Hass im Netz unterstützt. Dazu gehören auch Links und Materialien, mit denen Schüler/innen und Studierende im Bildungsbereich dazu motiviert werden sollen, Informationen im Netz kritisch zu hinterfragen und online und offline ein respektvolles Miteinander zu fördern (<https://www.politik-lernen.at> Gegen Hass im Netz – No Hate Speech Kampagne, S. 1).

Bereits 2013 wurde das „No Hate Speech Movement" als Initiative des Europarates gegründet. Seither setzen sich Personen in mehr als vierzig

---

[87] Es ist stark von individuellen Merkmalen abhängig, welche Person in welchem Bereich wie häufig Diskriminierung erlebt. Der Migrationshintergrund ist von wesentlicher Bedeutung. Betroffen vor allem sind Menschengruppen aufgrund ihrer ethnischen Zugehörigkeit, ihrer Hautfarbe und Herkunft, ihrer Religion oder Weltanschauung, ihrer sozialen Stellung, ihres Geschlechts und ihres Alters von Diskriminierung (<https://www.arbeiterkammer.at> Diskriminierungserfahrungen in Österreich – wichtigste Ergebnisse, S. 1).

Ländern gegen Hassreden im Internet und für ein respektvolles Miteinander ein[88] (No Hate Speech Movement).

Das „Nationale No Hate Speech-Komitee" kann bereits viele Mitglieder vorweisen. Dazu zählen u. a. das Bundeskanzleramt (BKA), das Bundesministerium für Bildung, Wissenschaft und Forschung (BMBWF), das Bundesministerium für Kunst, Kultur, öffentlicher Dienst und Sport (BMKÖS), die Kinder- und Jugendanwaltschaften Österreichs, Saferinternet.at, ZARA – Zivilcourage und Anti-Rassismus-Arbeit, ZARA Training, das Zentrum polis und die Antidiskriminierungsstelle Steiermark (No Hate Speech Komitee, boJA – Bundesweites Netzwerk Offene Jugendarbeit, Wien).

5.2. Projekte von ZARA

Neben der drei Säulen der Anti-Rassismus-Arbeit – Beratung, Prävention und Sensibilisierung der Öffentlichkeit – ist ZARA auch an verschiedenen Projekten beteiligt und kooperiert dabei auch mit europäischen und österreichischen Partnern. Wesentliche Projekte waren bereits: V-Start – Victim Support through Awareness Raising and net working (August 2017 bis Juli 2019). Ziel dieses Projektes war es, das Bewusstsein der Opfer von Hassopfern für verfügbare Unterstützungsangebote zu schärfen und ihnen den Zugang zum Rechtssystem zu erleichtern (Research-Report-Remove: Countering Cyber Hate Phenomena (2016 bis 2017).

Ziel war es, eine fundamentale Wissensbasis über Online-Hass zu errichten sowie die Analyse und das effektive Löschen von Online-Hass zu forcieren. In diesem Zusammenhang wurden auch Richtlinien für Internetanbieter und Plattformen Sozialer Medien entwickelt (<https://de.m.wikipedia.org> wiki>ZARA – Zivilcourage und Anti-Rassismus-Arbeit, S. 1 ff.).

Bildungsmaterialien gegen Rassismus bzw. Rassismus im Netz betreffend ist beispielsweise auch der „Monitoring Report. 20. Januar – 28. Februar 2020" wesentlich. ZARA Zivilcourage und Anti-Rassismus-Arbeit war hier eine Partnerorganisation. Ziel des Monitoring Report 2020 von INACH

---

[88] In diesem Kontext sind vor allem die Fragen wesentlich Was bewirken „Hassrede" und „Fake News" in Sozialen Medien? Welchen Einfluss haben diese Entwicklungen auf unsere Gesellschaft und die Demokratie? Diese Fragestellungen ergeben sich auch durch die Analyse bzw. die Ergebnisse der Untersuchung der ZARA-Rassismus-Reports im Zeitraum von 2010 bis 2023 (ZARA-Rassismus-Reports 2010–2023).

und sCAN war es, die Einhaltung des Verhaltenscodes zur Ahndung von Hatespeech im Internet bei Facebook, Twitter, YouTube und Instagram zu prüfen (Monitoring Report. 20. January – 28. February 2020).

Rassismus und Fehlinformationen im Netz sollten im Bildungsbereich grundsätzlich fokussiert und Strategien zur Prävention aufgezeigt werden. Das kann im Unterricht selbst, in Workshops usw. erfolgen. An Workshops zu den Themen Rassismus und „Hass und Fehlinformationen im Netz" nahmen bereits auch Pädagog/innen teil, beispielsweise an einem Workshop des Informationsdienstes der Vereinten Nationen (UNIS) Wien. Dies erfolgte in Kooperation mit ZARA Training und der Kirchlichen Pädagogischen Hochschule (KPH) Wien/Krems. Diese virtuellen Workshops wurden anlässlich des zwanzigjährigen Jubiläums der Duban-Erklärung und des Aktionsprogramms durchgeführt[89] (<https://unis.unvienna.org> Rassismus und Fehlinformationen im Netz durch Bildung bekämpfen, S. 1 ff.).

Ein wesentliches Ziel der Projekte von ZARA ist es, Schüler/innen und Studierenden aufzuzeigen, dass es notwendig ist, hinzuschauen, wo andere Personen wegschauen. Das bedeutet, dass man sich für sich selbst und seine Mitschülerinnen und Mitschüler einsetzen sollte, um Rassismus und Diskriminierung zu bekämpfen. Sie sollen dabei u. a. auch einen guten Weg für das Zusammenleben erkennen. Im Rahmen eines Projektes von ZARA wurden auch bereits „Peer Trainer/innen im Bereich Anti-Diskriminierung" (Peer Education) ausgebildet. Hierbei sollen Schüler/innen und Studierende ein Verständnis für die Themen Rassismus. Rassismus im Netz, Diskriminierung, gesellschaftliche Vielfalt und Zivilcourage entwickeln. Zudem sollen sie das notwendige Handwerkszeug erhalten, um diese Themen in Workshops mit Mitschüler/innen zu thematisieren (<https://www.ots.at> AK fördert Peer Education Projekt gegen Diskriminierung, S. 1).

---

[89] Die interaktiven Workshops wurden von Expert/innen von ZARA Training geleitet. Die Schwerpunkte waren, wie „virtuelle Belästigung", „Rassismus" und „Fehlinformationen" bekämpft werden können. Zudem wurde thematisiert, wie sich gehässige Nachrichten in den sozialen Netzwerken und Nachrichtendiensten verbreiten. Thema waren auch die jährlichen Berichte über Hass im Netz von ZARA. Hier wurde u. a. Rassismus als einer der häufigsten Motivationsgründe für virtuelle Belästigung angegeben (<https://unis.unvienna.org> Rassismus und Fehlinformationen im Netz durch Bildung bekämpfen, S. 1 ff.).

5.3. ARGE Jugend für Schulen: „Schule ohne Rassismus"

Bereits seit 1999 wird ein europäisches Projekt erfolgreich von der ARGE Jugend gegen Gewalt und Rassismus, insbesondere an steirischen Schulen, durchgeführt. Mit dem Projekt „Schule ohne Rassismus" werden Schüler/innen der AHS, BMHS, Allgemeinbildenden Pflichtschulen usw. mit der Welt soziokultureller Vielfalt im menschenrechtlichen Kontext konfrontiert. Sie werden hier zu den grundlegenden Themen Menschenrechte, Antidiskriminierung und Gewaltprävention informiert und sensibilisiert (<https://www.argejugend.at> Schule ohne Rassismus, S. 1).

Dadurch soll ein Wandel zur „Schule ohne Rassismus" erreicht werden. Im Kontext der österreichischen Schule sollen Schüler/innen ihr Bewusstsein für diskriminierungsfreie Verhaltensweisen vertiefen, ihren Handlungsspielraum für Menschenrechte und Gewaltfreiheit erweitern, gewaltfreie Formen der Konfliktlösung trainieren, ihre soziokulturelle Vielfaltskompetenz verbessern, Netzwerke mit anderen Projektschulen bilden, spielerisch-kreative Tools und interaktive Methoden während der Workshops kennenlernen. Dabei ist die Kombination aus analogem und digitalem Lernen sehr wichtig[90] (<https://www.argejugend.at> Schule ohne Rassismus, S. 1).

6. Notwendige Fähigkeiten für Pädagog/innen, Schüler/innen und Studierende im Kontext Prävention von Rassismus im Netz

6.1. Das Erkennen von Rassismus im Netz

Für Pädagog/innen, Schüler/innen und Studierende ist es entscheidend, Rassismus im Netz bzw. in Sozialen Medien erkennen zu können. Online-Rassismus ist oft subtil und schwer zu erkennen – insbesondere weil ständig neue Trends entwickelt bzw. missbraucht werden. Ähnlich wie im analogen Raum, tritt Rassismus im Netz bzw. Cyber-Rassismus in unterschiedlichen

---

[90] Die wesentlichen Ziele dieses Präventionsprojekts sind „Förderung eines respektvollen Miteinanders und friedlichen Zusammenlebens in Vielfalt", „kritisches Hinterfragen, relativieren und abbauen von Vorurteilen", „Sensibilisierung und Bewusstseinsbildung zu Rassismus, Diskriminierung usw." sowie „Erleben von Vielfalt und Integration als Chance und Bereicherung" (<https://www.argejugend.at> Schule ohne Rassismus, S. 1).

Formen. Gerade im Bildungskontext ist es daher wichtig, über mögliche Erscheinungsformen für Rassismus im Netz bzw. in Sozialen Medien aufzuklären. Dazu zählen insbesondere Memes[91], Hetze/Hasspostings, spezielle Hashtags, Videos, Hetzkampagnen und Verschwörungsmythen, zudem auch KI-Algorithmen bzw. Algorithmische Selektion (Julien 2014, S. 356 ff.; vgl. auch „meme-definition of meme" in English/Oxford Dictionaries).

Die Themenbereiche „rassistische Fake News", „Hate Speech", „neue rassistische Bewegungen" und „Lifestyle und Rassismus" sind hier von besonderer Relevanz. In sozialen Netzwerken wie Facebook usw. werden teilweise auch unter Klarnamen rassistische Inhalte verbreitet. Gezielte Falschaussagen haben oft rassistische Absichten. Das sind sogenannte Fake News oder Hoaxes. Viele Textpassagen, Fotos und Videos sind zwar tatsächlich echt, sie werden aber aus dem Kontext gerissen und für rassistische Inhalte missbraucht[92] (<https://www.demokratiezentrum.org> Rassismus in den Sozialen Medien. Unterrichtssequenz 2, S. 1 f.).

6.2. Medienkompetenz

Um Rassismus im Netz zu erkennen, ist auch Medienkompetenz notwendig. Im Kontext der Medienkompetenz ist u. a. die Auseinandersetzung mit dem Thema bzw. dem Phänomen des Otherings wesentlich, das in Film, Fernsehen, Literatur usw. bereits eine lange Tradition hat. Unter Othering versteht man einen Prozess, bei dem Personen, welche nicht der gesellschaftlichen Norm entsprechen, durch Stereotypisierung zu Anderen bzw. zu Fremden gemacht werden. Schüler/innen und Studierende sollten in der

---

[91] Im Kontext Sozialer Medien werden von Nutzern vielfach auch kopierte bzw. nachgeahmte Inhaltselemente übertragen, beispielsweise Foto, Musikausschnitte, Videoschnipsel usw. In der Gegenwart können Memes auch als ein besonderes Content-Format verstanden werden, das heißt, als eine besondere Form der Bild-Text-Komposition. Das Bildelement wiederholt sich als Template oder Vorlage über die verschiedenen Meme-Varianten hinweg. Diese Vorlage wird bei jeder neuen Variante mit einem neuen Text und damit mit einer neuen Aussage versehen (<https://www.hass-im-netz.info> Memes: Andocken an Internetkultur, S. 1 ff.).

[92] Moderne technische Entwicklungen bieten dazu viele Möglichkeiten. Falschmeldungen bzw. Fake News können durch Social Bots oder Trolle auch intensiviert werden. Für die Verbreitung von rassistischen Inhalten und den damit verbundenen möglichen Folgen ist das eine sehr negative Entwicklung (<https: Bots, S. 1 f.).

Lage sein, solche Diskriminierungen zu erkennen und zu dekonstruieren. Das Selbstbild einer Gesellschaft sollte jedenfalls auch hinterfragt werden (<https://rise-jugend-kultur.de> Medienkompetenz, S. 1).

Soziale Medien verbreiten stillschweigend Fake News, um den Eindruck zu erwecken, sie repräsentieren die Ansichten und Meinungen der Bevölkerung. In diesem Zusammenhang ist hier jedenfalls auch eine Studie der Stanford University aus dem Jahr 2016 von Interesse (Sample: über 8.000 Schüler/innen und Student/innen) Die Studie kam zu einem eindeutigen Ergebnis: Viele Menschen können nicht zwischen Nachrichten und anderen Quellen – beispielsweise Fake News – unterscheiden.[93] (Studie: University of Stanford 2016).

6.3. Die Problematik Wahr oder Falsch

Die Problematik von „wahr" oder „falsch" ist bei Inhalten im Internet grundsätzlich vorhanden. Schüler/innen und Studierenden sollten deshalb Möglichkeiten zur Überprüfung von Inhalten bzw. zur Minimierung von Falschmeldungen aufgezeigt werden.

Wesentliche Prüfungsschritte dazu sind:

- Quellen und Inhalte hinterfragen: „Ist die Quelle vertrauenswürdig? Gibt es ein Impressum? Wer sind die Autor/innen? Welche Interessen könnten sie verfolgen? Handelt es sich um eine persönliche Meinung?"
- Mehrere Websites vergleichen: „Stimmen die verbreiteten Inhalte überhaupt? Gerade bei kontroversen Themen ist es hilfreich, verschiedene Quellen und Sichtweisen gegenüberzustellen".
- Bilder-Check: „Fragwürdige Fotos mittels umgekehrter Bildersuche hochladen (z. B. Google Lens, <https://www.tineye.com/> oder <https://images.google.com/>); damit wird grundsätzlich schnell klar, ob das Bild zum Ereignis passt oder vielleicht schon älter ist. Bei Videos können Screenshots verwendet werden".
- Prüfung von Hoax-Datenbanken und Nutzung von Faktencheckern: „Auf Plattformen recherchieren, die vor aktuellen Falschmeldungen, Fakes und Betrugsversuchen warnen" (<https://www.saferinternet.at> Hass im Netz, S. 5).

---

[93] Es wird kontrovers diskutiert, ob Fake News im großen Stil Meinungsumschwünge bewirken können; sie wirken sich aber sicher negativ auf die Glaubwürdigkeit von Medien aus (Studie: YouGov und Statista 2017).

– Schüler/innen und Studierenden sollte auch aufgezeigt werden, dass es schwierig ist, allein gegen Rassismus im Netz bzw. Online Hate Speech vorzugehen. Es wurde in den ZARA-Rassismus-Reports u. a. gut dargestellt, dass es wichtig ist, auch als Einzelperson Zivilcourage zu zeigen, es aber auch notwendig ist, möglichst viele Menschen dazu zu motivieren. Schüler/innen und Studierenden sollte klar werden, wie sie sich gegenseitig bestmöglich unterstützen bzw. wie sie als Gruppe wirksam werden können (ZARA-Rassismus-Reports 2010–2023).

Das erfordert auch rassismuskritische Bildungsarbeit. Im Bildungsbereich bzw. in der Schule liegt der Fokus der Rassismuskritik und des Sorgfaltsmaßstabs insbesondere auf den Inhalten von Bildungsangeboten sowie auf der Entwicklung pädagogischer Institutionen. Rassismuskritische Bildungsarbeit wird auch in Österreich als Möglichkeit zur Förderung einer sozial gerechteren Gesellschaft gesehen[94] (Scharathow 2011, S. 12).

Im Rahmen der Lehrer/innenausbildung an Pädagogischen Hochschulen und Universitäten ist rassismuskritische Bildung bisher wenig verankert. Beispielsweise wird an der Universität Wien die rassismuskritische Bildung als blinder Fleck im Lehramtsstudium gesehen. Für rassismuskritische Bildungsarbeit ist im österreichischen Bildungssystem bzw. Schulsystem noch viel Nachholbedarf vorhanden (ZEITGENOSSIN. Schwerpunkt: (Anti)-Rassismus in Österreich. Februarausgabe 2022, S. 18).

---

[94] Im Bildungskontext umfasst eine rassismuskritische Perspektive, das eigene pädagogische und institutionelle Handeln auch einer kritischen Selbstreflexion zu unterziehen (Machold 2011, S. 379).

Zusammenfassung/Bemerkungen

Forschungsfrage

„Wie verliefen die Entwicklungen von Rassismus im Internet und in Sozialen Medien in Österreich von 2010 bis 2023?"

Es wurden ZARA-Rassismus-Reports im Zeitraum von 2010 bis 2023 untersucht. Ergänzungen erfolgten durch die Analyse wissenschaftlicher Publikationen, darunter von „International Network against Cyber Hate", und von relevanten Rechtsnormen.

Im Jahr 2010 dokumentierte ZARA rassistische Vorfälle im Internet erstmals systematisch. Insgesamt wurden 745 rassistische Vorfälle dokumentiert, davon betrafen neun Prozent das Internet. Kritisiert wurde, dass in Österreich bis dato keine Daten zum Thema Rassismus erhoben wurden und deshalb auch keine Gegenmaßnahmen umgesetzt werden konnten. Neue Meinungsbildner im Netz wie Online-Foren, Weblogs und soziale Netzwerke wurden von Nutzer/innen bereits intensiv zur Verbreitung und Weiterverbreitung von rassistischen Inhalten genutzt. Aufgrund des ZARA-Rassismus-Reports 2010 konnte u.a. auch ein erhöhtes Rassismus- und Diskriminierungspotenzial in Österreich nachgewiesen werden.

Im Jahr 2011 verzeichneten rassistische Vorfälle im Internet bereits eine Zunahme von 19 Prozent – ein Plus von einem Fünftel. Gleichzeitig nahmen auch die Anzeigen zu.

Im Jahr 2012 betrafen von insgesamt 772 dokumentierten rassistischen Vorfällen 22 Prozent das Internet. Im Vergleich zum Vorjahr war einte Steigerung um drei Prozent zu beobachten. In den vergangenen Jahren war eine Zunahme der Fälle in diesem Bereich um 22 Prozent zu verzeichnen, was mehr als einer Verdoppelung entspricht.

Im Jahr 2013 wurden um 41 Vorfälle weniger als 2012 dokumentiert. Davon waren 20 Prozent im Internet. Rassismus und Verhetzung im Internet nahmen zu.

Im Jahr 2014 betrafen von insgesamt 794 Meldungen 17 Prozent das Internet. Der ZARA-Rassismus-Report 2014 zeigt u.a. auf, dass gruppenspezifischer Rassismus zugenommen hat, Dies betraf auch den Rassismus in digitalen Medien. Besonders auffallend war, dass bestimmte Personengruppen unter Generalverdacht gestellt wurden. Rassistische Vorfälle im Internet erfolgten auf Webseiten, in Online-Foren, in sozialen Netzwerken, in Blogs und in Kettenmails. Es kann festgestellt werden, dass rassistische Inhalte im Internet rassistische Sichtweisen verstärken.

Im Jahr 2015 betrafen von insgesamt 927 rassistischen Vorfällen 20 Prozent das Internet. Ein wesentliches Ergebnis dieses Rassismus-Reports ist, dass Rassismus in Österreich eine neue Dimension erreicht hat. Besonders negativ war der Trend im Internet. Hier kam es zu rassistischen Vorfällen bzw. rassistischen Diskriminierungen auf Webseiten, in Online-Foren, in sozialen Netzwerken, in Blogs und in Kettenmails. Falschmeldungen, welche über das Netz verbreitet werden, können als besonders gefährlich bewertet werden, weil diese oft ohne Überprüfung übernommen und weitergeleitet werden. Dadurch tragen sie erheblich zur Konstruktion und Weiterverbreitung von Feindbildern, Stereotypen und rassistischen Inhalten bei.

Im Jahr 2016 erfolgten von den insgesamt 1.107 rassistischen Vorfällen 31 Prozent im Internet. Aus diesem Rassismus-Report kann geschlossen werden, dass Hass bzw. Hetze im Internet in Österreich weit verbreitet sind. Von den insgesamt 1.107 gemeldeten Fällen bezog sich beinahe ein Drittel auf Vorfälle im Internet. Das war bis dato der höchste gemessene Wert.

Im Jahr 2017 erfolgten von den insgesamt 1.162 rassistischen Vorfällen bereits 44 Prozent im Internet. Im Vergleich zum Jahr 2016 war erneut eine Steigerung zu verzeichnen, die wie auch bereits im Vorjahr durch die hohe Präsenz von „Hass und Hetze im Internet" zu begründen ist. Hass und Hetze im Netz richteten sich vor allem gegen Geflüchtete, Personen fremder Herkunft oder anderer ethnischer Zugehörigkeit. Dieses Ergebnis deckt sich auch mit der vergleichenden Analyse von Hassinhalten in sozialen Netzwerken. Das Thema „Hass im Netz" stellt eine zentrale Herausforderung im Bereich der digitalen Kommunikation dar. Bereits seit dem Jahr 2010 dokumentiert ZARA Hasspostings mit rassistischen Inhalten, aber erst ab dem Jahr 2016 rückte das Phänomen stärker in den Fokus der öffentlichen Aufmerksamkeit. Dadurch meldeten sich auch zunehmend mehr Betroffene zu Wort.

Dem „ZARA-Rassismus Report 2018" zufolge ist eine Zunahme von Hasspostings und Hetze auf Internetportalen festzustellen. Von den 1.920 untersuchten rassistischen Vorfällen ereigneten sich 1.164 im Internet. Das entspricht etwa 60 Prozent aller gemeldeten Vorfälle. Nach Ansicht von ZARA erfordert die Bekämpfung von Rassismus eine Gesamtstrategie. So wurde ein „Nationaler Aktionsplan" gegen Rassismus gefordert.

Im Jahr 2019 wurden insgesamt 1.950 rassistische Vorfälle bearbeitet. Rassismus im Internet betraf hier bereits drei von fünf gemeldeten Fällen, was 87 Prozent entspricht. Mehr als jeder dritte gemeldete Fall von Rassismus im Netz war strafrechtlich relevant bzw. verfolgbar.

Im Jahr 2020 hat ZARA insgesamt 3.039 Meldungen von Rassismus dokumentiert und bearbeitet. Das waren 1.089 Meldungen mehr als im Vorjahr. Eine massive Zunahme von Rassismus im Internet war feststellbar: Konkret waren es 71 % der 3.039 rassistischen Vorfälle. 2020 war ein Report im Jahr der (Corona-)Krise, in dem rassistische Strukturen in Österreich stärker als jemals zuvor aufgezeigt wurden. Von ZARA wird hervorgehoben, dass sich in Österreich ein gesteigertes Bewusstsein für Rassismus insbesondere auch durch einen deutlichen Anstieg an Meldungen zu Rassismus im Internet zeigte. Beispielsweise gingen diesbezüglich im Juni 2020 bei der Beratungsstelle mehr als 400 Meldungen von Rassismus ein. Das war erheblich mehr als in vielen Jahren zuvor.

Im Jahr 2021 wurden insgesamt 1.977 Meldungen von Rassismus dokumentiert und bearbeitet. Rassismus im Internet umfasste hier 1.117 gemeldete Fälle. Das heißt, Online-Rassismus betraf mehr als die Hälfte (56 %) aller Meldungen. Es wurde aufgezeigt, dass Rassismus in Österreich für viele Personen – in beinahe allen Bereichen des Lebens – relevant sein kann. Personen, die selbst nicht direkt von Rassismus betroffen sind, erfahren von Rassismus und Diskriminierung insbesondere durch Medien. Im Internet wird die Omnipräsenz von Rassismus besonders deutlich sichtbar.

Im Jahr 2022 hat ZARA insgesamt 1.479 Meldungen bearbeitet und dokumentiert. 68 Prozent der Meldungen betrafen Online-Diskriminierungen und

32 Prozent Offline-Diskriminierungen. Im Jahr 2022 wurden ZARA 999 Fälle im Internet gemeldet, darunter Online-Medien, Webseiten, Online-Foren, Social-Media-Plattformen, Video-Plattformen und Blogs. In diesem Kontext zeigt ZARA u.a. auf, dass „schwallartige rassistische Entgleisungen" auf einem Nachrichtenportal innerhalb eines Monats festgestellt wurden. Hier wurden fast 800 Kommentare veröffentlicht, von denen sehr viele als „extrem rassistisch" eingestuft wurden und deshalb auf ihre mögliche strafrechtliche Relevanz geprüft wurden. ZARA meldete zudem rassistische Postings auch bei Social-Media-Plattformen als „Trusted Flagger". Festgestellt werden kann, dass 2022 weniger Meldungen als in den Jahren 2020 und 2021 erfolgten. Der Anteil direkt betroffener Personen unter den Meldenden hat sich aber erhöht, während der Anteil von Zeug/innenmmeldungen zurückgegangen ist. Dieser Anteil umfasste damals 24 Prozent.

Im Jahr 2023 erfolgten bei ZARA 1.302 Meldungen über rassistische Vorfälle. Von diesen Meldungen umfassten 58 Prozent Online-Rassismus. Der Rückgang im Vergleich zu 2022 kann nicht eindeutig begründet werden. Es ist aber anzunehmen, dass in Österreich von einer weit höheren Dunkelziffer auszugehen ist. Nach Ansicht von ZARA sei ein fließender Übergang von Rassismus im Internet zu rassistischen Übergriffen im analogen Bereich zu beobachten.

Grundsätzlich ist die Zahl der Fälle in den ZARA-Rassismus-Reports aber nicht repräsentativ. Ein Rückgang der gemeldeten rassistischen Vorfälle (insbesondere im Internet) bedeutet wegen der hohen Dunkelziffer nicht zwangsläufig einen Rückgang rassistischer Vorfälle. Die in den ZARA-Rassismus-Reports veröffentlichten Daten zeigen auch, wie viele Menschen, direkt von Rassismus betroffen waren oder Zeug/innen eines rassistischen Vorfalls wurden. Zudem wird dargestellt, wie viele Menschen ZARA beraten hat. Die gemeldeten rassistischen Vorfälle bei ZARA ermöglichen auch eine Beurteilung, worauf sich Hass im Netz bezieht. Es geht um Merkmale oder Zuschreibungen wie etwa ethnische Zugehörigkeit, Hautfarbe, sexuelle Orientierung, Geschlecht, Religion, Behinderung, soziale Herkunft und Alter der betroffenen Personen. Im konkreten Untersuchungszeitraum stieg auch das Bewusstsein der Menschen, dass das Internet kein rechtsfreier Raum ist und dass Rechtsfolgen damit verbunden sein können. Bereits seit dem Jahr 2001 fordert ZARA von der österreichischen Bundesregierung auch einen „Nationalen Aktionsplan gegen Rassismus". Dieser soll Maßnahmen enthalten, die Rassismus auf struktureller und institutioneller Ebene bekämpfen. Ein solcher „Nationale Aktionsplan gegen Rassismus" ist in Österreich bisher aber noch nicht vorhanden.

Forschungsleitende Fragestellungen

Wie verlief die Entwicklung von Rassismus im historischen Längsschnitt?

Rassismus und Fremdenfeindlichkeit sind seit der Antike in spezifischen historischen Kontexten und Konstellationen festzustellen. Damit wurde eine Ablehnung von Menschen verbunden, die als „anders" oder „fremd" gesehen wurden. Im Kern ging es hierbei um hierarchisierende „Selbst- und Fremdzuschreibungen". Dies förderte sowohl Identität als auch Alterität und führte zu gesellschaftlichem Ein- und Ausschluss. Die Legitimation politischer Herrschaft und die Rechtfertigung zur Bekämpfung innerer und äußerer Feinde waren wesentlich. Dieses antike Denken in Gegensatzpaaren – „Wir" und die „Anderen" – entspricht einem Selbst- und einem Fremdbild. Im Mittelalter verstärkte sich diese Situation. Der Gebrauch des Begriffes „Rasse" im heutigen Sinn entstand im 17./18. Jahrhundert. Zu dieser Zeit wandten sich viele Wissenschaftler und Philosophen davon ab, die Natur als göttliche Schöpfung zu betrachten. Im 18. Jahrhundert erfolgte eine naturwissenschaftliche Klassifizierung der belebten und unbelebten Welt. Die Rassentheorie wurde im 19. Jahrhundert zu einer (politischen) Weltanschauung. Die Gründe dafür waren insbesondere eine Präzisierung des Konstrukts Rassismus, die Ansichten von Staaten, humanitäre Bewegungen und bereits vorhandene Literatur. Das führte auch zu kontroversen Ansichten zum Thema Rassismus. Bestärkt wurde der Rassismus sicher auch durch die im Jahr 1859 veröffentlichte Evolutionstheorie von Charles Darwin, insbesondere durch die sprachlichen Bilder und einem falschen Verständnis seiner Evolutionstheorie. In der zweiten Hälfte des 19. Jahrhunderts haben rassistische Theorien durch den Imperialismus große Bedeutung erlangt. Gegen Ende des 19. Jahrhunderts richtete sich rassistisches Denken vor allem gegen die Bevölkerung in Kolonien und Gruppen von Menschen in europäischen Staaten. Österreich war damals keine Kolonialmacht, es finden sich aber auch hier grundsätzlich dieselben Bilder und Stereotype, die zur Kolonialzeit in anderen Ländern geschaffen wurden. Das Konzept der Rassen entwickelte sich im 19. Jahrhundert im

Bereich der Naturwissenschaften. In diesem Kontext wurde versucht, das damals in Europa existente Klischee einer überlegenen weißen Rasse wissenschaftlich zu begründen. Bis ins 20. Jahrhundert wurden für die Einteilung von Menschen in Rassen biologische Merkmale verwendet, beispielsweise Merkmale des Körpers, der Hautfarbe oder auch spezielle Merkmale des Gesichts. Aus solchen Merkmalen wurde dann eine Rassentheorie entwickelt.

Der Begriff „Rassismus" ist in den frühen 1930er Jahren entstanden. Als Begriff bzw. übergeordneter Name bezeichnete er alle radikalen Bewegungen und Regime, die in der ersten Hälfte des zwanzigsten Jahrhunderts eine Politik – nicht mehr nur der Ausgrenzung und Anfeindung – sondern der geplanten physischen Vernichtung von konkreten Bevölkerungsgruppen betrieben. Obwohl genetisch-biologisch Menschenrassen in der Wissenschaft untersucht und widerlegt wurden, ist das Thema ideologisch und gesellschaftlich aber nach wie vor aktuell. In Österreich waren nach 1945 Rassismus, Antisemitismus und Ressentiments gegen bestimmte Menschengruppen usw. noch immer vorhanden. Die Nachkriegsgenerationen in Österreich waren vielfach das Produkt eines kollektiven Gedächtnisses; sie waren aber bereits Produzent/innen eines kollektiven Gedächtnisses. Rassismus im 21. Jahrhundert erfolgt vielfach auch im Internet und in Sozialen Medien. Diese Medien haben wesentlichen Einfluss auf die Verbreitung rassistischer Ideologien, da sie Möglichkeiten der Kommunikation und somit auch des Austauschs rassistischer Inhalte bieten. Mit der Zunahme bzw. den Möglichkeiten interaktiver Plattformen bekam Hass im Netz – und damit Gewalt im Netz – eine zunehmend größere Bühne. Im historischen Längsschnitt betrachtet können auch Entwicklungsschritte von Rassismus im Internet festgemacht werden. Dies begann bereits in der zweiten Hälfte des 20. Jahrhunderts und umfasste Memes bis hin zu Hasskommentaren. So wurden beispielsweise in den 1980er Jahren Mailboxnetze bereits für Propagandazwecke missbraucht. In Österreich wurden bereits zu Beginn der 1990er Jahre Digitale Medien als effizientes Werkzeug erkannt, um Informations- und Propagandamaterial in digitaler Form zu verbreiten. Das umfasste auch rassistische Inhalte. Im Jahr 1995 wurden schließlich die ersten rassistischen Foren im Internet gegründet. Ein Beispiel ist das Stormfront-Forum, eine der ältesten Internetseiten. Im Jahr 2000 wurde das „Anti-Defamation League (ADL) HateFilter Project" ins Leben gerufen. Mit diesem Projekt sollten Technologien entwickelt werden, um rassistische und hasserfüllte Inhalte im Internet identifizieren und blockieren zu können. 2004 erfolgte dann die Gründung von Facebook, ein Social Media-Dienst, der schnell zu einer beliebten Plattform für die Verbreitung von Inhalten im Internet wurde – darunter auch von Hasspostings. 2005 wurde die Videoplattform YouTube gegründet; damit konnten nun u.a. auch rassistische Inhalte im Internet per Video verbreitet werden.

Welche internationalen, europäischen, nationalen Normen und Dokumente zum Thema Rassismus im Internet bzw. in digitalen Medien sind in Österreich wesentlich? Welche strafrechtlichen Normen sind für Interventionen und die Präventionsarbeit in Österreich wesentlich?

Für das Verständnis von Rassismus grundsätzlich und insbesondere von Rassismus im Internet, sind auch Kenntnisse relevanter Rechtsnormen von wesentlicher Bedeutung. Neben nationalen Normen sind auch internationale und europäische Normen relevant. Auf internationaler Ebene ist dies insbesondere „Die allgemeine Erklärung der Menschenrechte" der Vereinten Nationen. Hier ist in Artikel 2 das Diskriminierungsverbot festgeschrieben. Die Staaten sind verpflichtet, „alle Minderheiten gegen jegliche Form der Diskriminierung zu schützen". Neben der AEMR ist auch das „UN-Übereinkommen zur Beseitigung jeder Form von Rassendiskriminierung" (ICERD) von entscheidender Bedeutung. Es verpflichtet auf Grundlage des Gleichheitsprinzips aller Menschen, die Benachteiligung von Menschen aufgrund ihrer Hautfarbe oder ihrer ethnischen Herkunft mit konkreten Maßnahmen zu bekämpfen. Österreich hat die UN-Konvention ICERD im Jahr 1972 – mit Vorbehalten – ratifiziert. Österreich hat hier keinen völkerrechtlichen Vorbehalt abgegeben, jedoch einen innerstaatlichen Erfüllungsvorbehalt (Art. 50 Abs. 2 B-VG). D.h., ICERD ist nicht unmittelbar anwendbar, der zuständige österreichische Gesetzgeber hat ICERD jedoch durch verschiedene innerstaatliche Gesetze in die nationale Rechtsordnung transformiert.

Auf europäischer Ebene sind für das Thema Rassismus im Internet, u.a. die Arbeit des Europarates und der Europäischen Kommission gegen Rassismus und Intoleranz (ECRI) von wesentlicher Bedeutung. Im Kontext des Europarechts ist u.a. die „Antirassismusrichtlinie RL 2000/43/EG" bedeutend, die Österreich im Jahr 2004 umgesetzt hat, sowie die Allgemeine Politik-Empfehlung ECRI Nr. 7 über nationale Gesetzgebung zur Bekämpfung von Rassismus und Rassendiskriminierung. Das Diskriminierungsverbot ist in diesem Kontext von fundamentaler Bedeutung. Es ist auch ein wesentlicher Grundsatz der Gründungsverträge der Europäischen Union (EU) sowie der Charta der Grundrechte der Europäischen Union. Zudem enthält auch Artikel 14 der Europäischen Menschenrechtskonvention ein Diskriminierungsverbot. Artikel 2 des 1. Zusatzprotokolls der Europäischen Menschenrechtskonvention (EMRK) hat in Österreich Verfassungsrang. Die Dokumente (Übereinkommen, Protokolle und Beschluss) zum Thema Computerkriminalität sind auf europäischer Ebene essenziell für die Bekämpfung von Straftaten, die nur durch den Einsatz von Technologie begangen werden können und bei denen die Vorrichtungen sowohl das Instrument für die Begehung der Straftat als auch das Ziel der Straftat sind, sowie von Straftaten, bei denen die Technologie zur Verstärkung einer anderen Straftat (z.B. Verhetzung), eingesetzt wurde.

In Österreich fokussiert sich der öffentliche Diskurs auf nationaler Ebene in großem Umfang auf das Thema Hass im Netz. Hate Speech wird vor allem durch Tatbestände im Strafgesetzbuch (StGB) und durch das Verbotsgesetz erfasst. Rassismus, Rassismus im Netz, Hass im Netz, Online Hate Speech usw. begründen auch staatliche Pflichten. Diese sind durch nationales Recht und dessen Vollziehung zu gewährleisten. In Österreich genießen in Bezug auf das Verbot der Diskriminierung manche Normen sogar Verfassungsrang. Dazu zählen beispielsweise der „Allgemeine Gleichheitssatz" (Art. 7 B-VG), das Bundesverfassungsgesetz „Rassendiskriminierung" zur Umsetzung von ICERD und Artikel 14 EMRK.

Weitere wesentliche verfassungsrechtliche Grundlagen für die Gleichbehandlung in Österreich sind insbesondere das „Staatsgrundgesetz von 1867" und die „Österreichische Bundesverfassung (Gleichheitsprinzip). Eine wesentliche gesetzliche Grundlage für die Gleichbehandlung in Österreich ist insbesondere das Gleichbehandlungsgesetz (GlBG). Aufbauend auf dem in Artikel 7 B-VG verankerten Prinzip der Gleichbehandlung wurde in Österreich auch eine umfassende Antidiskriminierungsgesetzgebung erlassen, die laufend weiterentwickelt wird. Zur Stärkung dieser Antidiskriminierungsgesetzgebung hat auch die Umsetzung der einschlägigen EU-Richtlinien im Verwaltungs- und Zivilrecht beigetragen. Insbesondere wurde in Österreich auch der strafrechtliche Schutz gegen Diskriminierung und Verhetzung verbessert. In der Republik Österreich ist im Bereich des Antidiskriminierungsrechts

– einer Querschnittsmaterie – eine Rechtszersplitterung vorhanden. Das Antidiskriminierungsrecht ist in Österreich in unterschiedlichen Rechtsbereichen geregelt. Durch die Kompetenznormen des B-VG (Art 10 B-VG bis Art 15 B-VG) sind hier sowohl landesgesetzliche als auch bundesgesetzliche Vorschriften relevant.

Das am 1. Januar 2021 in Kraft getretene Gesetzespaket „Hass im Netz", ein Bundesgesetz, sollte einen effektiven Schutz vor Hasspostings im Internet bieten. Damit wurde u.a. auch klargestellt, dass das Internet kein rechtsfreier Raum ist, sondern dass auch hier der Rechtsstaat gilt. Es wurden Ansprüche (Erfüllung verschiedener strafbarer Tatbestände sowie zivilrechtliche und medienrechtliche Ansprüche) ausgeweitet und die Rechtsdurchsetzung erleichtert. Durch das Hass-im-Netz-Bekämpfungs-Gesetz sollen Maßnahmen zur Bekämpfung von Hass im Netz bzw. ein effektiverer Schutz vor Hasspostings im Internet bewirkt werden. Hasspostings können verschiedene strafbare Tatbestände erfüllen und auch zivilrechtliche sowie medienrechtliche Ansprüche begründen. Die Ansprüche wurden erweitert und die Rechtsdurchsetzung für Betroffene erleichtert. Insbesondere wurde auch der Tatbestand der Verhetzung ausgeweitet.

Das Kommunikationsplattformen-Gesetz war nur kurze Zeit in Kraft, dann wurde es durch den Digital Service Act (DSA) der Europäischen Union abgelöst. Ziel des Digital Services Acts ist es vor allem, das Internet für Nutzer/innen in Europa sicherer und transparenter zu machen. Zudem soll auch Desinformation entgegengewirkt werden. Vor allem sollen sehr große Online-Plattformen und Suchmaschinen ein Beschwerdemanagementsystem errichten. Dadurch sollen illegale Inhalte und Hass im Netz wirkungsvoller bekämpft werden können. Das von der österreichischen Bundesregierung vorgelegte DAS-Begleitgesetz sieht dazu wesentliche Maßnahmen zur Umsetzung der EU-Regelungen vor. Vor allem soll geltendes Bundesrecht nicht der EU-Verordnung widersprechen. Mit dem DAS-Begleitgesetz wurde das „Koordinator-für-digitale-Dienste-Gesetz" erlassen und andere Gesetze geändert. Es wurde im Dezember 2023 vom Nationalrat angenommen und trat mit 17.2.2024 in Kraft. Damit wurde die EU-Verordnung Digital Service Act (DSA) in das nationale Recht umgesetzt. Das im Jahr 2020 beschlossene Kommunikationsplattformen-Gesetz wurde vollständig vom DSA-Begleitgesetz ersetzt. Im Zusammenhang mit Hass im Netz bzw. Hasspostings in Österreich können mehrere Straftatbestände nach dem Strafgesetzbuch (StGB) erfüllt sein. Besonders hervorzuheben ist der Tatbestand der Verhetzung gemäß § 283 StGB.

Welche Vorteile brachte die „Hass im Netz"-Gesetzgebung in Österreich? Wie wird diese insbesondere von ZARA beurteilt?

Die „Hass im Netz"-Gesetzgebung muss differenziert betrachtet werden. Die wesentlichen Maßnahmen des Hass-im-Netz-Bekämpfungs-Gesetzes sind 1) Die gerichtliche Löschung von Hasspostings mittels Mahnverfahren. 2) Eine erleichterte Ausforschung von Täter/innen bei Privatanklagedelikten. 3) Der Entfall des Kostenrisikos für Opfer. 4) Eine Ausweitung der Prozessbegleitung. 5) Höherer Schadenersatz im Medienrecht. 6) Cybermobbing ist bereits ab dem ersten Posting strafbar. 7) Der Tatbestand der Verhetzung wurde ausgeweitet. 8) Ein transparentes Meldeverfahren. 9) Es gibt Zustellungsbevollmächtigte. 10) Empfindliche Geldbußen wurden eingeführt.

Für die Beurteilung der „Hass im Netz"-Gesetzgebung in Österreich ist u.a. wesentlich, dass es seit 2021 den Rechtsbehelf des Unterlassungsauftrags gibt. Das bedeutet, dass eine vereinfachte Klage im Mandatsverfahren (§ 49 Abs. 2 Z 6 JN) möglich ist, mit der die sofortige Wirksamkeit bei Gericht beantragt werden kann. Der Auftrag muss sofort eingehalten werden und das rassistische bzw. inkriminierende Posting unverzüglich entfernt werden, wenn durch die Veröffentlichung Persönlichkeitsrechte erheblich verletzt werden. Es muss hier nicht ein Urteil abgewartet werden, die Möglichkeit einer vorübergehenden Vollstreckbarkeit ist vorhanden. Zudem kann ein Zivilgericht auf Antrag einer betroffenen Person den Host-Provider zur Auskunft über die Identität eines Kunden verpflichten. ZARA sieht bei der Beurteilung der „Hass im Netz"-Gesetzgebung (Stand April 2024) grundsätzlich nicht nur im Strafrecht Hürden bei der Bekämpfung von Hass im Netz. Die „Hass im Netz"-Gesetzgebung wird aber überwiegend positiv beurteilt, es habe sich hier vieles verbessert. Beispielsweise „wurden verschiedene, bereits vorhandene Gesetze im Bereich des Straf-, Zivil- und Medienrechts verändert bzw. verschärft". Eine große Hürde stellt aber die Ermittlung unbekannter Täter/innen dar, weshalb spätere Anklagen vielfach scheitern. Dies kann auch durch die Analyse der Beantwortung einer parlamentarischen Anfrage aus dem Jahr 2021 und durch Forschungsliteratur festgestellt werden.

Welche nationalen Strategien und Präventionsprojekte gegen Rassismus bzw. Rassismus und Diskriminierung im Internet wurden im Kontext des österreichischen Bildungssystems bereits gesetzt?

In Österreich gibt es ein klares Bekenntnis für eine Null-Toleranz gegen Gewalt in der Schule. Bereits seit 2008 verfolgt das Bildungsministerium in Österreich eine nationale Strategie zur schulischen Gewaltprävention. Im Lebensraum Schule sollen sich Schüler/innen sicher fühlen. Es wurden wesentliche „handlungsleitende Grundsätze" einer wirkungsvollen und nachhaltigen Präventionsarbeit entwickelt. Ein wesentlicher Grundsatz lautet hier „Kinder und Jugendliche haben ein Recht auf ein sicheres und gewaltfreies Leben". Das inkludiert auch ein Leben ohne rassistische Diskriminierung. Die „Nationale Strategie zur schulischen Gewaltprävention" war ein wesentlicher Schritt, weil Gewalt große Schäden, auch Langzeitschäden und unwiederbringliche Folgen haben kann. Gewaltprävention in diesem Kontext bedeutet auch die Entwicklung „antirassistischer Strategien". Sensibilisierung und Bewusstseinsbildung für das „Thema Rassismus" bzw. „Rassismus im Netz" sind hier fundamental. Österreich muss seine Verantwortung im Kampf gegen Rassismus auch auf staatlicher Ebene wahrnehmen und hat dies bereits auch getan. Aus dem 5. Bericht des Bundeskanzleramtes der Republik Österreich und aus Inhalten der ZARA-Rassismus-Reports kann festgestellt werden dass „Hasspostings und Beschimpfungen in den Sozialen Medien in den vergangenen Jahren deutlich gestiegen sind. Im österreichischen Schulsystem ist „Rassismus" bis dato der häufigste Grund für Diskriminierung. Das zeigt auch der in Wien präsentierte Jahresbericht 2022 der „Initiative für ein diskriminierungsfeindliches Bildungswesen" auf. Es liegt in der besonderen Verantwortung des gesamten österreichischen Bildungswesens, hier der Schulen, Universitäten, Hochschulen, Pädagogischen Hochschulen usw., eine „Kultur der Antidiskriminierung" und ein „wertschätzendes Miteinander" zu etablieren. Dazu sind Präventionsprojekte, antirassistische Strategien usw. jedenfalls notwendig. Seit Beginn der IDB-Berichte im Jahr 2016 sind insgesamt 1.190 Fälle von Diskriminierung gemeldet worden. Wie weit für diese hohe Fallzahl auch das Qualitätsmanagement des österreichischen Bildungswesens mitursächlich ist steht zur Diskussion. 2016 wurde auch das „Nationale No Hate Speech-Komitee" in Österreich gegründet. Es verfolgt insbesondere die Absicht für das Thema „Hass im Netz" zu sensibilisieren. Die

Notwendigkeit von Sensibilisierung bzw. Präventionsprojekten ist eindeutig vorhanden, das kann auch durch die Analyse von Studien erkannt werden. Auch ZARA ist an verschiedenen Präventionsprojekten kooperativ beteiligt. Ziel solcher Projekte ist es, eine fundamentale Wissensbasis über „Online-Hass" zu errichten, zudem auch die Analyse und das effektive Löschen von „Online-Hass" zu forcieren. Rassismus und Fehlinformationen im Netz sollten im Bildungsbereich grundsätzlich fokussiert und Strategien zur Prävention aufgezeigt werden. Das kann im Unterricht selbst, in Workshops usw. erfolgen. Wesentliches Ziel von Projekten ist es auch, Schüler/innen und Studierenden aufzuzeigen, dass es notwendig ist hinzuschauen, wo andere Personen wegschauen, also für sich und andere gegen Rassismus und Diskriminierung einzutreten. Neben ZARA sind auch Projekte der ARGE Jugend für Schulen „Schule ohne Rassismus" wesentlich. Mit dem Projekt „Schule ohne Rassismus" werden Schüler/innen der AHS, BMHS, Allgemeinbildende Pflichtschulen usw. mit der Welt soziokultureller Vielfalt im menschenrechtlichen Kontext tangiert. Es soll ein Wandel zur „Schule ohne Rassismus" erreicht werden. Im Kontext der Prävention von Rassismus und Rassismus im Netz benötigen Pädagog/innen, Schüler/innen und Studierende konkrete Fähigkeiten. Das sind vor allem Medienkompetenzen und das Erkennen von Rassismus im Netz sowie durch moderne Informationstechnologien ermöglichte Erscheinungsformen von Rassismus im Netz. Die Problematik von „wahren" oder „falschen" Inhalten ist im Internet grundsätzlich vorhanden. Schüler/innen und Studierenden sollten deshalb Möglichkeiten zur Überprüfung von Inhalten bzw. zur Minimierung von Falschmeldungen aufgezeigt werden. Es ist schwierig, allein gegen „Rassismus im Netz" bzw. „Online Hate Speech" vorzugehen. Schüler/innen und Studierenden sollte klar gemacht werden, wie sie als Gruppe wirksam werden können. Das ist auch rassismuskritische Bildungsarbeit. Rassismus muss an Schulen sichtbar gemacht werden, es müssen Interventionsmöglichkeiten bzw. Strategien entwickelt werden, die „Rassismus im Netz", auf institutioneller und individueller Ebene entgegenwirken. Hierfür sind Kooperationen und Koordinationen, auch mit privaten Institutionen, sicher notwendig.

Verwendete Literatur

Antidiskriminierungsstelle Steiermark (ADS). Definition „Hate Speech". Antidiskriminierungsstelle Steiermark, 8010 Graz.

ARD Mediathek, Impressum: Zweites Deutsches Fernsehen. Anstalt des öffentlichen Rechts. ZDF-Straße 1, 55100 Mainz.

Armborst Andreas (2019). Evidenzbasierte Prävention von Extremismus und Radikalisierung. Leerstellen und Handlungsbedarf. Bundeszentrale für politische Bildung (<https://www.bpb.de/themen/infodienst/292805/evidenzbasierte-praevention-von-extremismus-und-radikalisierung>).

AUFRISSE. Rassismus in Österreich. *Zeitschrift für politische Bildung.* 4. Jg., 3/1983. Herausgeber: Verein für Kritische Sozialwissenschaft und Politische Bildung, Wien.

Austrian Delegation to the OSCE-Conference on Anti-Semitism Berlin, 28–29 April, 2024.

Bailer-Galanda Brigitte (1997). *Das Netz des Hasses. Rassistische, rechtsextreme und neonazistische Propaganda im Internet. Stiftung Dokumentationsarchiv des österreichischen Widerstandes.* 1. Auflage, Wien.

Beelmann Andreas (2018). Entwicklungsorientierte Kriminalprävention: Wissenschaftliche Fundierung und Ergebnisse der Evaluation, in: Walsh/Pniewski/Kober & Armborst (Hrsg.), Evidenzorientierte Kriminalprävention in Deutschland. Springer Fachmedien, Wiesbaden. S. 387–406.

Benz Wolfgang (Hrsg.) (1996). *Dimension des Völkermords. Die Zahl der jüdischen Opfer des Nationalsozialismus.* DTV, München.

Berka Walter (1990). Der Schutz der freien Meinungsäußerung im Verfassungsrecht und im Zivilrecht. *Zeitschrift für Rechtsvergleichung (ZfRV)* 1990, Band 31.

Bischof Karin (2013). Rassismus und Fremdenfeindlichkeit im Wandel – Konzepte und aktuelle Tendenzen. Auszug aus WISO 2/2013. Institut für Sozial– und Wirtschaftswissenschaften (ISW), Linz. (<https://www.zeitschriftwiso.at> Rassismus und Fremdenfeindlichkeit im Wandel – Konzepte und aktuelle Tendenzen).

Brown Alexander (2017/36). What is Hate Speech? Part 1: The Myth of Hate. Law and Philosopy (<https://doi.org/10.1007/s10982-017-9297-1>).

Brown Alexander (2017/36). What is Hate Speech? Part 2: Family Resemblances. Law and Philosophy.

Bossert Regina/Legath Lars (2015). *Extremismus- und Rassismusprävention im 21. Jahrhundert. Erfahrungen aus der Praxis.* Transcript Verlag.

Bundeszentrale für politische Bildung (bpb), Rechtsextremismus. Rassen? Gibt's doch gar nicht!. Bundeszentrale für politische Bildung, 53113 Bonn.

CERD General Recommendation 35, 2013. Definition „Hate Speech". Committee on the Elimination of Racial Discrimination (CERD). United Nations Human Rights.

Chavec Leo R./Campos Belinda/Corona Karina/Sanchez Daina & Ruiz Catherine B. (2019). Words hurt: Political rhetoric, emotions/ affect, and psychological well-being among Mexican-origin youth. Social science & medicine (1982), 228, 240–251 (<https://doi.org/10.1016/j.socscimed.2019.03.008>).

Committee on the Elimination of Racial Discrimination (CERD) 2013. General Recommendation Nr. 35. Committee on the Elimination of Racial Discrimination (CERD). United Nations Human Rights.

Deutscher Bundestag. Frage zur polizeilichen Lagebilderstellung von Anschlägen gegen Flüchtlingsunterkünfte, BT-Drs. 18/7000. Antwort zu Frage Nr. 22.

Deutsches Forum für Kriminalprävention (DFK). Stiftung Deutsches Forum für Kriminalprävention, 53117 Bonn.

Diendorfer Gertraut/Bellak Blanka/Pelinka Anton/Wintersteiner Werner (Hrsg.) (2016). *Friedensforschung, Konfliktforschung, Demokratieforschung. Ein Handbuch.* Böhlau Verlag, Wien, Köln, Weimar.

Donath Judith (1998). Identity and Deception in the virtual Community, in: M.Smith and P. Kollok (eds.) Communities in Cyberspace. Routledge, London.

Eichler Klaus-Dieter (1992). Hellenen und Barbaren. Reflexionen zu einem alten neuen Thema. *Deutsche Zeitschrift für Philosophie.* 40. Jahrgang, 1992, Heft 8.

Fabrizy Ernst Eugen/Michel-Kwapinski Alexandra/Oshidari Babek (2022). *Strafgesetzbuch StGB und ausgewählte Nebengesetze.* MANZ Verlag, Wien.

Fessler Peter (1991). Grundrechtssystem, in: Machacek Rudolf/Pahr Willibald/ Stadler Gerhard (Hrsg). *70 Jahre Republik. Grund- und Menschenrechte in Österreich. Grundlagen, Entwicklung und internationale Verbindungen,* Band I. Kehl am Rhein/Strassburg/Arlington.

Fischer Gregor/Millner Clara/Radkohl Sonja (2021). *Online Hate Speech. Perspektiven aus Praxis, Rechts- und Medienwissenschaften.* NWV, Wien.

Friese Heidrun/Nolden Marcus/Schreiter Miriam (HG.) (2019). *Rassismus im Alltag. Theoretische und empirische Perspektiven nach Chemnitz.* Transcript Verlag, Bielefeld.

Forum Politische Bildung. Informationen zur Politischen Bildung. Demokratiezentrum Wien, 1010 Wien.

Geulen Christian (2014). *Geschichte des Rassismus.* Verlag C. H. Beck, München.

Gobineau de Joseph Arthur (1853–1855). Versuch über die Ungleichheit der Menschenrassen. Essay sur l'inégalité des races humaines, 1853–1855.

Goldgruber Eva/Radkohl Sonja (2021). Medienwissenschaftliche Perspektiven. Soziale Medien und Öffentlichkeiten, in: Online Hate Speech. Perspektiven aus Praxis, Rechts- und Medienwissenschaften. Gregor Fischer/Clara Millner/Sonja Radkohl. NWV Verlag Österreich GmbH. (<https://doi.or g/10.37942/9783708313863_104).

Götschel Helene/Hühne RyLee (2021). Digitalisierung entmystifizieren – Digitalisierungsprozesse mitgestalten. Beiträge der Geschlechterforschung. Buzzword Digitalisierung: Relevanz von Geschlecht und Vielfalt in digitalen Gesellschaften.

Gumplowicz Ludwig (1883). *Der Rassenkampf. Hansebooks. Nachdruck der Ausgabe von 1883 Edition* (11. März 2017).

Gutschner Peter/Rohr Christian (2008). *Geschichte. Aktuell 2, für die BHS*, 2. Auflage. Veritas Verlag, Linz.

Heller Christian 2008. Was ist ein „Image Macro"? (aus der Serie: Vokabular des neuen Kinos), in: cine.plomlompom.de, 23. April 2008, abgerufen am: 27. Juni 2024.

Hellmuth Thomas (2021). Was bedeutet Rassismus eigentlich? Informationen zur Politischen Bildung Nr. 49, hrsg. vom Forum Politische Bildung.

Hund Wulf D. (2018). *Rassismus und Antirassismus*. PapyRossa, Köln.

Institut für Bildungswissenschaft der Universität Wien. Institut für Bildungswissenschaft, 1090 Wien.

Internationale Konvention zur Überwindung von Rassismus (ICERD). Anti-Rassismus-Konvention vom 21. Dezember 1965.

Jäger Siegfried (1992). Brandsätze. Rassismus im Alltag. DISS-Studie. Unter Mitarbeit von Ulrike Busse, Stefan Hansen, Margaret Jäger, Angelika Müller, Anja Sklorz, Sabine Walther, Hermann Cölfen, Andreas Quinkert und Frank Wichert. Duisburger Institut für Sprach- und Sozialforschung (DISS).

Jäger Siegfried, 10 Jahre DISS, in: DISS-Journal 1/98.DISS Archiv.

Kierot Lara (2022). Rassismuskritische Politische Bildung an der Universität Wien. Ein blinder Fleck im Lehramtsstudium, in: ZEITGENOSSIN. Schwerpunkt: (Anti)-Rassismus in Österreich. Februarausgabe 2022, S. 18.

Krause Norman/Ballaschk Cindy/Schulze-Reichelt Friederike/Kansok-Dusche Julia/Wachs Sebastian/Schubarth Wilfried & Bilz Ludwig (2021). „Ich lass mich da nicht klein machen!" Eine qualitative Studie zur Bewältigung von Hatespeech durch Schüler/innen. *Zeitschrift für Bildungsforschung*, 11 (1), 169–185. (<https://doi.org/10.1007/s35834-021-00291-w>).

Kuretsidis-Haider Claudia (2012), in: *NS-Prozesse und deutsche Öffentlichkeit – Besatzungszeit, frühe Bundesrepublik und DDR*. 2012.

Kuretsidis-Haider Claudia (2006). *Das Volk sitzt zu Gericht. Österreichische Justiz und NS-Verbrechen am Beispiel der Engerau-Prozesse 1945–1954*. StudienVerlag, Innsbruck.

Leguizamon Garcia Mauricio Fernando (2009). Vom klassischen zum virtuellen öffentlichen Raum. Das Konzept der Öffentlichkeit und ihr Wandel im Zeitalter des Internets. Diss. FU Berlin.

Lehmann Brett (2020). Hate at school: victimization and disorder associated with school avoidance. Sociological Spectrum, 40 (3), 172–190. (<https://doi.org/10.1080/02732173.2020.1734890>).

Leiprecht Rudolf (2001). Alltagsrassismus. Eine Untersuchung bei Jugendlichen in Deutschland und den Niederlanden. Waxmann, Muenster. Zugl.: Köln, Univ., Habil.-Schrift 2001.

Lobo Sascha (2016). Das Ende der Gesellschaft. Von den Folgen der Verhetzung. Institut für Medienwissenschaft und SRW-Studio Tübingen.

Loidl Simon (2017). „Europa ist zu eng geworden". Kolonialpropaganda in Österreich-Ungarn 1885 bis 1918. Promedia Verlag, Wien.

Macho Thomas (2002). Politische Avatare. Jörg Haider und die Mediendemokratie, in: Gabriella Hauch/Thomas Hellmuth/Paul Pasteur (Hrsg.), Populismus, Ideologie und Praxis in Frankreich und Österreich, Innsbruck 2002.

Machold Claudia (2011). (Anti-)Rassismus kritisch (ge-)lesen. Verstrickung und Reproduktion als Herausforderung für die pädagogische Praxis. Eine diskurstheoretische Perspektive, in: Scharathow Wiebke/Leiprecht Rudolf (Hrsg.). Rassismuskritik Band 2, Rassismuskritische Bildungsarbeit. Schwalbach/Ts.

Magazin Öffentliche Sicherheit 5–6/22. Bundesministerium für Inneres, 1010 Wien.

Malaniuk Wilhelm (1949). Lehrbuch des Strafrechts, Band 2. Manz Verlag, Wien.

Mandera Frauke (2004). Entstehung der Begriffe „Rasse" und „Rassismus" – eine kurze Zusammenfassung. Herausgeber ARiC Berlin e. V., März 2004.

Meibauer Jörg (2013) (Hg.). Hassrede/Hate Speech. Interdisziplinäre Beiträge zu einer aktuellen Diskussion. 2. Fassung mit Korrekturen. Gießener Elektronische Bibliothek 2013.

Melzer Wolfgang (2015). Wissenschaftsbasierte Kriminalitätsprävention an Schulen, in: Deutsches Jugendinstitut (Hrsg.), Arbeitsstelle für Kinder- und Jugendkriminalitätsprävention. Band 13. Kriminalitätsprävention im Kindes- und Jugendalter. Perspektiven zentraler Handlungsfelder. Beiträge aus dem Fachforum „Kriminalprävention im Kindes- und Jugendalter – erzieherische Herausforderungen für alle beteiligten Institutionen" im Rahmen des 18. Deutschen Präventionstages. Deutsches Jugendinstitut Arbeitsstelle für Kinder- und Jugendkriminalitätsprävention. S. 99–125.

Meyer Dorothee/Schüller – Rühl Tabea/Vock Rita u. a. (2022). einfach POLITIK: Lexikon. Bundeszentrale für politische Bildung/bpb (Hrsg.). Redaktion (verantw.): Wolfram Hilpert (bpb). Bonn 2022. Lizenz: CC BY-SA 4.0//.

Monitoring Report. 20. January – 28. February 2020. Herausgeber, in: jugendschutz.net. Erscheinungsjahr: 2020. Medienart: Bericht/Dokumentation, Fachinformation. Anzahl Seiten: 17.

No Hate Speech Komitee, boJA – Bundesweites Netzwerk Offene Jugendarbeit, 1020 Wien.

No Hate Speech Movement, boJA – Bundesweites Netzwerk Offene Jugendarbeit, 1020 Wien.

Presseaussendung ZARA-Zivilcourage und Anti-Rassismus-Arbeit, Wien, 11. April 2012. ZARA-Zivilcourage und Anti-Rassismus-Arbeit, 1050 Wien.

OSZE-Büro für Demokratische Institutionen und Menschenrechte (ODIHR). Organisation für Sicherheit und Zusammenarbeit in Europa (OSZE), 1010 Wien.

Pörksen Bernhard (2018). *Die große Gereiztheit. Wege aus der kollektiven Erregung*, 4. Auflage. Carl Hanser Verlag GmbH & Co. KG, München.

Reidl Sybille/Streicher Jürgen/Hock Marlene/Hausner Beatrix/Waibel Gina/Gürtl Franziska (2020). Digitale Ungleichheit. Wie sie entsteht, was sie bewirkt und was dagegen hilft. Im Auftrag der österreichischen Forschungsförderungsgesellschaft (FFG).

Reiter Margit (2006). *Die Generation danach. Der Nationalsozialismus im Familiengedächtnis*. Studienverlag, Innsbruck.

Research-Report-Remove: Countering Cyber Hate Phenomena. Project Research-Report-Remove: Countering Cyber Hate Phenomena – Quaterly Reports. International Network against Cyber Hate (INACH).

Salimi Farsam (2019). Die Verhetzung im Internet – § 283 StGB in der gerichtlichen Praxis. Juristische Blätter, Heft, 10. Oktober 2019, 141. Jahrgang. 609–622.

Scharathow Wiebke (2011). Zwischen Verstrickung und Handlungsfähigkeit. Zur Komplexität rassismuskritischer Bildungsarbeit, in: Scharathow Wiebke/ Leiprecht Rudolf (Hrsg.). Rassismuskritik Band 2, Rassismuskritische Bildungsarbeit. Schwalbach/Ts.

Soral Wiktor/Bilewicz Michal/Winiewski Mikolaj (2017). Exposure to hate speech increases prejudice through desensitization, in: Aggressive Behavior, 2017. S. 1–17.

Sponholz Liriam (2018). Hate Speech in den Massenmedien. Theoretische Grundlagen und empirische Umsetzung. Springer VS, Wiesbaden.

Stone George (2000). First Amendment, in: Leonard W. Levy (Hg.). Encyclopedia of the American Constitution. New York, NY Macmillan.

Strobel Cornelius (2017). Die Grenzen des Dialogs. Hatespeech und politische Bildung, in: Kaspar Kai/Gräßer Lars/Riffi Aycha (Hrsg.). Online Hate Speech - Perspektiven auf eine neue Form des Hasses. Kopaed VerlagsGmbH, Düsseldorf/München (Schriftenreihe zur digitalen Gesellschaft NRW; 4). (bitte im Literaturverzeichnis ergänzen).

Taddicken Monika/Schmidt Jan-Hinrik (2017). Entwicklung und Verbreitung sozialer Medien, in: Handbuch Soziale Medien, hg. von J.-H. Schmidt, M. Taddicken, Springer Fachmedien, Wiesbaden.

Thompson Robin L. (2012). „Radicalization and the Use of Social Media". Journal of Strategic Security 4, n°. 4 (2012); 167–190. DOI: <http://dx.doi.org/10.5038/1944-0472.4.4.8>.

Titley Gavan (2019). Racism and Media. SAGE Publications, London.

UN-Übereinkommen zur Beseitigung jeder Form von Rassendiskriminierung. International Convention on the Elimination of all Forms of Racial Discrimination (ICERD) vom 21. Dezember 1965.

UN Secretary-General's Remarks at the launch of the United Nations Strategy and Plan of Action on Hate Speech as delivered, 18. Juni 2019. Vereinte Nationen (UNO).

Universität Potsdam. HateLess. Universität Potsdam. ZIM – Zentrum für Informationstechnologie und Medienmanagement, 14469 Potsdam.

Van Dijck Jose/Poell Thomas (2013). Understanding Social Media Logic. Media and Communication 1(1): 2–14. (DOI: 10.12924/mac2013.01010002).

Wright Michelle F. & Wachs Sebastian (2019). Does social support moderate the relationship between racial discrimination and aggression among Latinx adolescents? A longitudinal study. Journal of adolescence, 73, 85–94.

ZARA-Rassismus-Reports, Ausgaben März 2011 bis März 2024. ZARA-Zivilcourage und Anti-Rassismus-Arbeit, 1050 Wien.

ZEITGENOSSIN. Schwerpunkt: (Anti)-Rassismus in Österreich. Februarausgabe 2022, pp. 18. Hochschüler/innenschaft der Universität Wien/ÖH Uni Wien, 1090 Wien.

Zerger Johannes (1997). *Was ist Rassismus?*. Lamuv, Göttingen.

Bundesgesetzblätter, Bundesverfassungsgesetze, Bundesgesetze, Erkenntnisse, Regierungsvorlagen

Staatsgrundgesetz vom 21. Dezember 1867. RGBl. 142/1867, über die allgemeinen Rechte der Staatsbürger für die im Reichsrate vertretenen Königreiche und Länder.

Staatsbürgergesetz vom 5. Dezember 1918. StGBl. Nr. 91 (1918).

Staatsgrundgesetz über die allgemeinen Rechte der Staatsbürger (Art. 13). StGBl. Nr. 3/1918.

Staatsvertrag von St. Germain vom 10. September 1919. Staatsgesetzblatt für die Republik Österreich. Jahrgang 1920. Ausgegeben am 21. Juli 1920. Staatsvertrag von Saint-Germain-en-Laye vom 10. September 1919.

Österreichisches Bundesverfassungsgesetz 1920 (B-VG). Gesetz vom 1. Oktober 1920, womit die Republik Österreich als Bundesstaat eingerichtet wird (Bundes-Verfassungsgesetz). BGBl. 268/1925. Fassung vom 7. Dezember 1929 wiederverlautbart. BGBl. 1/1930.

Verbotsgesetz 8. Mai 1945, StGBl. Nr. 13/1945.

Verbotsgesetz 1947, 17. Februar 1947, BGBl. Nr. 25/1947.

BGBl. Nr. 210/1958. Europäische Menschenrechtskonvention (EMRK) (Art. 10).

Art. 14 der Europäischen Menschenrechtskonvention (ECHR). Europäische Menschenrechtskonvention (EMRK). Österreich: BGBl. Nr. 210/1958 (Verfassungsrang: BGBl. Nr. 59/1964).

Art. 2 des 1. Zusatzprotokolls der Europäischen Menschenrechtskonvention (Recht auf Bildung). Zusatzprotokoll zur Konvention zum Schutz der Menschenrechte und Grundfreiheiten vom 20. März 1952.

OPCAT-Durchführungsgesetz, BGBl. I 1/2012.

BGBl. I Nr. 112/2015 (Strafrechtsänderungsgesetz).

Bundesgesetz über die Gleichbehandlung (GIBG). Bundesgesetz über die Gleichbehandlung 2004. BGBl. I Nr. 66/2004.

Bundesgesetz über die Gleichbehandlungskommission und die Gleichbehandlungsanwaltschaft (GBK/GAW-Gesetz).

Regierungsvorlage Hass im Netz Bekämpfungsgesetz. Beschlossen im Bundesrat 153/BNR. BGBl. I Nr. 148/2020.

DSA-Begleitgesetz – DSA-BegG (2309 d.B.). BGBl. I Nr. 182/2023.

Bundeskanzleramt, Bundesministerien und Parlamentskorrespondenz Österreich

BMBWF & FGÖ erweiterte Fassung auf Basis der „Charta – Etablierung einer gewaltfreien Schulkultur", veröffentlicht 2017 vom Bundeszentrum ÖZEPS (jetzt NCoC, National Competence Center Psychosoziale Gesundheitsförderung) im Auftrag des BMBWF.

Bundeswahlbehörde. Ergebnisse der Nationalratswahl 2019, BMI-Applikation.

Bundeskanzleramt. 5. Bericht der Republik Österreich, gemäß Art. 25 Abs. 2 des Rahmenübereinkommens zum Schutz nationaler Minderheiten (2021). Bundeskanzleramt Österreich, 1010 Wien.

Bundesministerium für Familien und Jugend (BMFJ), Jugend, Lebensqualität und Miteinander. No Hate Speech. 1020 Wien.

Bundesministerium für Inneres, Hate Crime – Vorurteilsbedingte Straftaten. Bundesministerium für Inneres, 1010 Wien.

Bundesministerium für Inneres, Vorurteilskriminalität. Bundesministerium für Inneres, 1010 Wien.

Bundesministerium für Inneres. Hasskriminalität, Hate Crime-Jahresbericht 2021. Bundesministerium für Inneres, 1010 Wien.

Nationale Strategie zur schulischen Gewaltprävention, Bundesministerium für Bildung, Wissenschaft und Forschung (BMBWF). Wien 2008.

Republik Österreich. 14. Bericht der Republik Österreich gem. Art. 9 des internationalen Übereinkommens zur Beseitigung aller Formen rassischer Diskriminierung.

Parlament Österreich. Nationaler Aktionsplan gegen Rassismus und Diskriminierung (2751/AB)). Parlament Österreich. Dr. Karl Renner-Ring 3, 1017 Wien.

Parlamentskorrespondenz Nr. 1300 vom 26. November 2020. Parlament Österreich. Dr. Karl Renner-Ring 3, 1017 Wien.

Parlamentskorrespondenz Nr. 1322 vom 30. November 2023. Parlament Österreich. Dr. Karl Renner-Ring 3, 1017 Wien.

Parlament: 39/M Abg. Nurten Yilmaz (SPÖ), 47. Sitzung, XXVII. GP des NR, 11:04. Parlament Österreich. Dr. Karl Renner-Ring 3, 1017 Wien.

Parlamentarische Anfrage 1587/J XXVII.GP. Parlament Österreich. Dr. Karl Renner-Ring 3, 1017 Wien.

Parlamentskorrespondenz Nr. 1413 vom 15. Dezember 2023. Parlament Österreich. Dr. Karl Renner-Ring 3, 1017 Wien.

Council of Europe

Council of Europe, what we do, Achievement. Council of Europe, F-67075 Strasbourg, France.

Zusatzprotokoll zum Übereinkommen über Computerkriminalität betreffend die Kriminalisierung mittels Computersystemen begangener Handlungen rassistischer und fremdenfeindlicher Art, Europarat 28. Januar 2003. Council of Europe, Sammlung Europäischer Verträge-Nr. 189.

ECRI 2003 8 REV. 13. Dezember 2002/7. Dezember 2017. European Commission against Racism and Intolerance (ECRI). Council of Europe, F-67075 Strasbourg, France.

ECRI Bericht 2020. European Commission against Racism and Intolerance (ECRI). Council of Europe, F-67075 Strasbourg, France.

Zweites Zusatzprotokoll zum Übereinkommen über Computerkriminalität über eine verstärkte Zusammenarbeit und die Weitergabe elektronischen Beweismaterials. ABI. L 63 vom 28. Februar 2023, S. 28–47.

Europäische Union, Europarat

Gründungsverträge der Europäischen Union. Vertrag über die Europäische Union (EU-Vertrag, EUV), Vertrag zur Gründung der Europäischen

Gemeinschaft (EG-Vertrag, EGV), Vertrag zur Gründung der Europäischen Atomgemeinschaft (Euratom-Vertrag).

Charta der Grundrechte der Europäischen Union. Amtsblatt der Europäischen Gemeinschaften. TED-Website (Tenders Electronic Daily). Abrufbar auf EUR-Lex.

Konvention Nr. 005 des Europarates. Konvention zum Schutze der Menschenrechte und Grundfreiheiten. BGBl. Nr. 210/1958.

Ministerkomitee des Europarats. Empfehlung Nr. R(97) 20 an die Mitgliedstaaten über die „Hassrede", 30. Oktober 1997.

Budapester Übereinkommen über Computerkriminalität, Europarat, Budapest, 23. November 2001.

Europäische Kommission gegen Rassismus und Intoleranz, Bericht über Österreich 2015, S. 9 ff.

EU-Strategie für eine Sicherheitsunion, COM(2020) 605 final vom 24. Juli 2020.

Cybersicherheitsstrategie der EU für die digitale Dekade, JOIN(2020) 18 final vom 16. Dezember 2020.

Beschluss (EU) 2023/436 des Rates vom 14. Februar 2023 zur Ermächtigung der Mitgliedstaaten, im Interesse der Europäischen Union das Zweite Zusatzprotokoll zum Übereinkommen über Computerkriminalität über eine verstärkte Zusammenarbeit und die Weitergabe elektronischen Beweismaterials zu ratifizieren. ABl. L 63 vom 28. Februar 2023, S. 48–53.

Rechtsprechung Bundesverwaltungsgericht Republik Österreich, OGH und EuGH

Bundesverwaltungsgericht Republik Österreich (BVwG), Erkenntnis vom 28. September 2021, W2342243172-1/11E.

Bundesverwaltungsgericht Republik Österreich (BVwG), Erkenntnis vom 28. September 2021, W1952241960-1/6E.

Bundesverwaltungsgericht Republik Österreich (BVwG), Erkenntnis vom 28. September 2021, W19522422336-1/10E.

Urteil OGH 28. Januar 1998, 15 Os 203/98.

Urteil des Europäischen Gerichtshofs (EuGH) in der Rechtssache C-376/22 vom 09. November 2023.

Vereinte Nationen (UNO)

Vereinte Nationen (UNO). Allgemeine Erklärung der Menschenrechte 1948. Vereinte Nationen (UNO).

Vereinte Nationen (UNO), Generalversammlung. A/RES/217 A (III). Verteilung: Allgemein 10. Dezember 1948. Vereinte Nationen (UNO).

Vereinte Nationen (UNO), „International Day for the Elimination of Racial Discrimination". Vereinte Nationen (UNO).

Studien

Studie: University of Stanford (2016). Stanford University, Stanford Report, 18. Januar 2017.

Studie: YouGov und Statista (2017). Statista GmbH, 20355 Hamburg.

Studie: Schönherr Daniel/Leibetseder Bettina/Moser Winfried/Hofinger Christoph (2019). Diskriminierungserfahrungen in Österreich. Erleben von Ungleichbehandlung, Benachteiligung und Herabwürdigung in den Bereichen Arbeit, Wohnen, medizinische Dienstleistungen und Ausbildung. Studie des Instituts SORA im Auftrag der Arbeiterkammer Wien.

Studie: Hass im Netz: Der schleichende Angriff auf unsere Demokratie. Eine bundesweite repräsentative Untersuchung. Jenaer Institut für Demokratie und Zivilgesellschaft (IDZ) (2019).

Studie: Über die Wahrnehmung von Rassismus in Österreich. Rassismus-Report. Umfrage von Research Affairs (2020).

STATISTA: Maßnahmen gegen Rassismus und Diskriminierung in Österreich (2023). Bundesanstalt Statistik Österreich (STAT).

EU-Studie: Rassismus in Österreich stark gestiegen (<https://orf.at> stories>).

Studie: Birmingham City University. School of Social Sciences. Birmingham B4 7BD, United Kingdom.

Internetquellen

<https://www.bpb.de> Geschichte des Rassismus/Themen/bpb.de, abgerufen am 18. Juli 2023.

<https://www.demokratiewebstatt.at> Stand der Wissenschaft heute, abgerufen am: 29. August 2023.

<https://www.bmbwf.gv.at> Kampf gegen Antisemitismus, abgerufen am: 4. September 2023.

<https://www.bpb.de> Die Entstehung des Rassismus, abgerufen am: 4. September 2023.

<https://encyclopedia.ushmm.org> NS-Rassismus/Holocaust-Enzyklopädie, abgerufen am: 4. September 2023.

<https://www.amnesty.at> Rassismus/Amnesty International Österreich, abgerufen am: 4. September 2023.

<https://kontrast.at> Was ist Rassismus – und wie sind Menschen in Österreich betroffen?, abgerufen am: 7. September 2023.

<https://hateaid.org> Von Memes bis Hasskommentare: Rassismus im Internet, abgerufen am: 13. September 2023.

https://www.demokratiezentrum.org> Rassismus in den Sozialen Medien. Unterrichtssequenz 2, abgerufen am: 13. September 2023.

<https://help.twitter.com> Twitters Richtlinie zu Hass schürendem Verhalten/ Twitter Hilfe, abgerufen am: 13. September 2023.

<https://www.nzz.ch/wissenschaft/rasse-und-genetik-ld.1381910> Die Genetik trennt keine Menschenrassen, abgerufen am: 15. September 2023.

<https://rm.coe.int/government> Anhang: Standpunkt der Regierung, abgerufen am: 15. September 2023.

<https://www.erinnern.at> Rechtsextremismus: Eine Handreichung, abgerufen am: 15. September 2023.

<https://www.bmeia.gv.at> Kampf gegen Rassismus und Diskriminierung, abgerufen am: 18. September 2023.

<https://www.hass-im-netz.info> Memes: Andocken an Internetkultur, abgerufen am: 20. September 2023.

<https://www.humanrights.ch> Was ist Rassismus? Definitionen von Rassismus?, abgerufen am: 21. September 2023.

<https://de.m.wikipedia.org/wiki/> ZARA – Zivilcourage und Anti-Rassismus-Arbeit, abgerufen am: 21. September 2023.

<https://m.faz.net> Rassismus im Internet: Hetze ohne Grenzen, abgerufen am: 21. September 2023.

<https://www.eltern-medienfit.bz> Soziale Medien, abgerufen am: 25. September 2023.

<https://diversity-arts-culture.berlin> Selbstbezeichnung, abgerufen am: 28. September 2023.

<https://www.demokratiewebstatt.at> Hautfarben, Gene und Co. – Rassismus und Wissenschaft, abgerufen am: 28. September 2023.

<https://kurier.at/politik/inland> Organisationen fordern Nationalen Aktionsplan gegen Rassismus, abgerufen am: 28. September 2023.

<https://www.zeit.de/zeitgeschehen> Soziale Medien entscheidend für Meinungsbildung junger Menschen, abgerufen am: 2. Oktober 2023.

<https://www.antidiskriminierungsstelle.de> Diskriminierungsrisiken durch Verwendung von Algorithmen, abgerufen am: 2. Oktober 2023.

<https://www.derstandard.at> Kann ein Meme rassistisch sein? – Netzpolitik, abgerufen am: 3. Oktober 2023.

<https://de.statista.com> Rassistische Vorfälle Österreich 2022, abgerufen am: 10. Oktober 2023.

<https://www.anders-denken.info> Rassismus und Antisemitismus, abgerufen am: 10. Oktober 2023.

<https://www.saferinternet.at> Aktiv gegen Hasspostings, abgerufen am: 20. Oktober 2023.

<https://igkultur.at/theorie> Medienkultur – Kulturmedien, abgerufen am: 20. Oktober 2023.

<https://hdgoe.at/fokusfuehrung> Antisemitismus und Rassismus, abgerufen am: 20. Oktober 2023.

<https://www.ffg.at> Wir gestalten Zukunft!, abgerufen am: 23. Oktober 2023.

<https://www.fu-berlin.de/sites/weiterbildung/gasthoerstudium/mediathek/Rassismus-und-Fremdenfeindlichkeit/index.html> Rassismus und Fremdenfeindlichkeit von der Antike bis zur Gegenwart, abgerufen am: 2. November 2023.

<https://www.sn.at/panorama/wissen/warum-der-rassismus-nicht-aufhoert-89042734> Warum der Rassismus nicht aufhört, abgerufen am: 2. November 2023.

<https://segu-geschichte.de> Imperialismus – Kolonialismus – Rassismus, abgerufen am: 2. November 2023.

<https://www.oeaw.ac.at> news> Kolonialen Wurzeln des Rassismus auf der Spur, abgerufen am: 5. November 2023.

<https://de.m.wikipedia.org> WIKI>Völkerschau, abgerufen am: 10. November 2023.

<https://www.quarks.de> gesellschaft>Darum müssen wir offen über Rassismus sprechen, abgerufen am: 14. November 2023.

<https://hdgoe.at> 1918: Staatsbürgergesetz und Rassismus, abgerufen am: 14. November 2023.

<https://www.anders-denken.info> Rassismus und Antisemitismus, abgerufen am: 18. November 2023.

<https://www.klagsverband.at> Erfüllt Österreich die Antirassismus-Konvention (CERD)?, abgerufen am: 18. November 2023.

<https://www.bmi.gv.at> Hass im Netz bekämpfen, abgerufen am: 18. November 2023.

<https://science.apa.at> power-search>Diskriminierung an Schulen vor allem aus rassistischen Gründen, abgerufen am: 18. November 2023.

<https://www.planet-wissen.de> Evolutionsforschung – Forschung – Natur, abgerufen am: 22. November 2023.

<https://www.vielfalt-mediathek.de> Struktureller Rassismus, abgerufen am: 23. November 2023.

https://news.microsoft.com de-at>Microsoft bereitet Jugendliche auf Extreme im Netz vor, abgerufen am: 23. November 2023.

<https://kontrast.at> rassismus in oesterreich>Was ist Rassismus – und wie sind Menschen in Österreich betroffen, abgerufen am: 23. November 2023.

<https://www.parlament.gv.at> XXVII> parlamentarische Materialien – Wien, abgerufen am: 27. November 2023.

<https://m.politik-lexikon.at> Republik Österreich, abgerufen am: 27. November 2023.

<https://www.vielfalt-mediathek.de> Rechtsextremismus, abgerufen am: 30. November 2023.

<https://volksanwaltschaft.gv.at> Neues Monitoring-Tool zeigt, wo Österreich in Sachen …, abgerufen am: 30. November 2023.

<https://www.bmeia.gv.at> EU-Menschenrechtsleitlinien, abgerufen am: 7. Dezember 2023.

<https://www.arbeiterkammer.at> Diskriminierungserfahrungen in Österreich – wichtigste Ergebnisse, abgerufen am: 8. Dezember 2023.

<https://liga.or.at> Universal Periodic Review, abgerufen am: 8. Dezember 2023.

<https://de.m.wikipedia.org> wiki>ZARA-Zivilcourage und Anti-Rassismus-Arbeit-Wikipedia, abgerufen am: 9. Dezember 2023.

<https://www.weisser-ring.at> Österreich muss seine Verantwortung im Kampf gegen Rassismus …, abgerufen am: 9. Dezember 2023.

<https://diskriminierungsfrei.at> Diskriminierung im österreichischen Bildungswesen-Bericht 2021, abgerufen am: 9. Dezember 2023.

<https://www.klagsverband.at> archiv. ZARA. Den Hass stoppen – Hass im Netz dringt bis in die intimsten Bereiche vor, abgerufen am: 15. Januar 2023.

<https://www.bmi.gv.at> Hass im Netz bekämpfen, abgerufen am: …

<https://www.kleinezeitung.at> politik>Rassismus-Report 2013 von ZARA vorgestellt, abgerufen am: 26. Januar 2023.

<https://oe1.orf.at> ZARA: Rassismus im Internet nimmt zu – oe1.ORF.at, abgerufen am: 29. Januar 2024.

<https://www.erinnern.at> ZARA Rassismus Report 2014: Gruppenspezifischer Rassismus auf …, abgerufen am: 30. Januar 2024.

<http://www.rd-foundation-vienna.org> ZARA wird 15! – Wien, abgerufen am: 30. Januar 2024.

<https://de.m.wikipedia.org> wiki>ZARA – Zivilcourage und Anti-Rassismus-Arbeit, abgerufen am: 30. Januar 2024.

<https://www.klagsverband.at> News-Archiv>ZARA-Rassismus-Report: Ungezügelte rassistische Beschimpfungen im Internet, abgerufen am: 1.2.2024.

<https://www.erinnern.at> themen>ZARA-Rassismus-Report 2015, abgerufen am: 1. Februar 2024.

<https://cba.media> ZARA präsentiert Rassismus-Report 2016 und „CounterACT!-…“, abgerufen am: 5. Februar 2024.

http://www.rd-foundation-vienna.org> Rassismus Report 2017, abgerufen am: 5. Februar 2024.

<https://www.erinnern.at> themen>ZARA-Rassismus Report 2010: Zunahme der Diskriminierung von…, abgerufen am: 8. Februar 2024.

<https://www.ots.at> Neues Monitoring-Tool zeigt, wo Österreich…, abgerufen am: 9. Februar 2024.

<https://www.bmkoes.gv.at> Gleichstellung und Diversität, abgerufen am: 10. Februar 2024.

<https://hateaid.org> Von Memes bis Hasskommentare: Rassismus im Internet, abgerufen am: 14. Februar 2024.

<https://de.m.wikipedia.org> Soziale Medien, abgerufen am: 16. Februar 2024.

<https://www.lpb-bw.de> Hate Speech – Hassrede im Netz, abgerufen am: 16. Februar 2024.

<https://de.m.wikipedia.org> ZARA – Zivilcourage und Anti-Rassismus-Arbeit, abgerufen am: 21. Februar 2024.

<https://www.oesterreich.gv.at> Beratungsstelle gegen Hass im Netz, abgerufen am: 21. Februar 2024.

<https://www.ots.at> presseaussendung>Den Hass stoppen – Hass im Netz dringt bis in die intimsten Bereiche vor, abgerufen am: 22. Februar 2024.

<https://www.bundeskanzleramt.gv.at> Hotline gegen Diskriminierung und Intoleranz, abgerufen am: 27. Februar 2024.

<https://assets.zara.or.at> 6. Gegen Hass im Netz Bericht, abgerufen am: 27. Februar 2024.

<https://www.saferinternet.at> Hass im Netz, abgerufen am: 28. Februar 2024.

<https://de.m.wikipedia.org> wiki>Institutioneller Rassismus, abgerufen am: 29. Februar 2024.

<https://www.bmi.gv.at> Hate Crime – Vorurteilsbedingte Straftaten, abgerufen am: 4. März 2024.

<https://assets.zara.or.at> 6. Gegen Hass im Netz Bericht, abgerufen am: 4. März 2024.

<https://www.horizont.at> Zara Bericht: Hass im Netz verbreitet sich stetig weiter, abgerufen am: 11. März 2024.

<https://www.zara.or.at> Gegen Hass im Netz-Bericht – ZARA – Zivilcourage&Anti-Rassismus-Arbeit, abgerufen am: 11. März 2024.

1. und 2. Gegen Hass im Netz Bericht, September 2017 – August 2019, abgerufen am: 12. März 2024.

<www.zara.or.at> Trainingsangebot, abgerufen am: 14. März 2024.

<https://www.ots.at> Schule ohne Diskriminierung/Pädagogische Hochschule Wien, abgerufen am: 15. März 2024.

<https://www.vielfalt-entfalten.de> Rassismuskritische Bildungsarbeit, abgerufen am: 15. März 2024.

<https://www.asyl.at> schulen>Fachtagung rassismuskritische Bildungsarbeit, abgerufen am: 15. März 2024.

<https://www.bmbwf.gv.at> digi.komp: Digitale Grundbildung in allen Schulstufen, abgerufen am: 20. März 2024.

<https://www.antidiskriminierungsstelle.de> steiermark>Aktuelle Statistik: Online Hass in Österreich richtet sich zum Großteil gegen „fremde" Menschen, abgerufen am: 21. März 2024.

<https://k.at> news>Rassismus-Report 2023 in Österreich: 1.302 Fälle gemeldet-k.at, abgerufen am: 26. März 2024.

<https://fra.europa.eu> Hasskriminalität, abgerufen am: 27. März 2024.

<https://lehrerweb.wien> KI „lobotomiert": Wenn Chatbots Hass im Netz streuen, abgerufen am: 27. März 2024.

<https://www.bmkoes.gv.at> Antirassismus-Strategie setzt Meilenstein für Chancengleichheit, abgerufen am: 29. März 2024.

<https://www.bmeia.gv.at> Kampf gegen Rassismus und Diskriminierung, abgerufen am: 29. März 2024.

<https://www.ots.at> EuGH-Generalanwalt beurteilt „Hass im Netz Gesetz" als EU-rechtswidrig, abgerufen am: 4. April 2024.

<https://phwien.ac.at> Institut Urban Diversity Education. Inklusive Dimension, abgerufen am: 5. April 2024.

<https://futurezone.at> Hass im Netz: „Die Ausforschung unbekannter Täter ist eine große Hürde", abgerufen am: 5. April 2024.

<https://www.bmj.gv.at> Welche Straftatbestände können bei Hass im Netz erfüllt sein?, abgerufen am: 11. April 2024.

<https://www.derstandard.at> Gesetzespaket gegen Hass im Netz zeigt bisher kaum Wirkung, abgerufen am: 12. April 2024.

<https://www.nohatespeech.at> Mit Recht gegen Hass, abgerufen am: 12. April 2024.

<https://www.amnesty.at> Die Allgemeine Erklärung der Menschenrechte (AEMR), abgerufen am: 19. April 2024.

<https://eur-lex.europa.eu> Übereinkommen über Computerkriminalität/ EUR-Lex, abgerufen am: 19. April 2024.

<https://www.bmea.gv.at> Österreich unterzeichnet 2. Zusatzprotokoll zum Übereinkommen über Computerkriminalität am Eröffnungstag, abgerufen am: 19. April 2024.

<https://www.soho.or.at> Rassismus Report 2010, abgerufen am: 22. April 2024.

<https://www.tuwien.at> Rassismen an der Universität?, abgerufen am: 25. April 2024.

<https://www.derstandard.at> ZARA-Report: Rassismus im Internet nahm 2015 deutlich zu, abgerufen am: 25. April 2024. APA, 21. März 2016.

<https://www.bmbwf.gv.at> Gewaltprävention, abgerufen am: 6. Mai 2024.

<https://rise-jugendkultur.de> Medienkompetenz, abgerufen am: 6. Mai 2024.

<https://www.argejugend.at> Schule ohne Rassismus, abgerufen am: 6. Mai 2024.

<https://hateaid.org> Von Memes bis Hasskommentare: Rassismus im Internet, abgerufen am: 12. Juni 2024.

<https://unis.unvienna.org> Rassismus und Fehlinformationen im Netz durch Bildung bekämpfen, abgerufen am: 14. Juni 2024.

<https://www.politik-lernen.at> Gegen Hass im Netz – No Hate Speech Kampagne, abgerufen am: 17. Juni 2024.

<https://www.pixx-io>Blog New>Digitale Medien: Definition und Tipps fürs Organisieren – pixx.io, abgerufen am: 27. Juni 2024.

<https://ksa.univie.ac.at> War das rassistisch?, abgerufen am: 9. Juli 2024.

<https://www.humanrights.ch> Was heisst (Kultur-)Rassismus?, abgerufen am: 9. Juli 2024.

<https://www.ots.at> AK fördert Peer Education Projekt gegen Diskriminierung, abgerufen am: 17. Juli 2024.

<https://www.oesterreich.gv.at/>. Bundeskanzleramt Österreich. Ballhausplatz 2, 1010 Wien, abgerufen am: 17. Juli 2024.